Sándor Ferenczi

Hysterie und Pathoneurosen

SEVERUS

Ferenczi, Sándor: Hysterie und Pathoneurosen

Hamburg, SEVERUS Verlag 2013.
Nachdruck der Originalausgabe, Leipzig/ Wien 1919

ISBN: 978-3-86347-564-2
Druck: SEVERUS Verlag, Hamburg, 2013
Textbearbeitung: Esther Gückel

Bibliografische Information der Deutschen Nationalbibliothek:
Die Deutsche Nationalbibliothek verzeichnet diese Publikation in der
Deutschen Nationalbibliografie; detaillierte bibliografische Daten sind
im Internet über http://dnb.d-nb.de abrufbar.

I.

Über Pathoneurosen.*

Ein 22jähriger Student suchte mich mit der Klage auf, viel mit „sadistischen" (z. T. masochistischen) Phantasien zu tun zu haben. Nebstbei teilte mir der Patient mit, daß ihm vor kurzem ein Hode wegen tuberkulöser Entartung operativ entfernt wurde. Monate später kam er nochmals und fragte mich, ob er, dem Rate eines Chirurgen folgend, auch den zweiten, nun auch erkrankten Hoden entfernen lassen soll. Es fiel mir auf, daß die Stimmung des Patienten nicht, wie zu erwarten war, deprimiert, sondern eigenartig erregt, gleichsam gehoben war. Unpassend zur Tragik der Situation schien mir auch seine Bitte, ihn nach der Operation in psychoanalytische Behandlung zu nehmen, „da ja nach Ausschaltung der organischen Libido die pathologischen Verschiebungen der Psyche leichter, ungestörter rückgängig gemacht werden könnten". Diese Idee faßte er nach der Lektüre einiger psychoanalytischer Werke. — Die Kompetenz zur Entscheidung über den Eingriff mußte ich dem Chirurgen abtreten; den Nutzen einer Psychotheraphie verneinte ich. Die Kastration wurde an einem der nächsten Tage vollzogen.

Nach kurzer Zeit erhalte ich vom Vater des Patienten einen verzweifelten Brief, in dem er von einer auffälligen Veränderung des Charakters und der Gebarung seines Sohnes berichtet, die in ihm den Verdacht einer geistigen Erkrankung aufsteigen ließ. Er benehme sich sonderbar, vernachlässige seine Studien

---

* Abgedruckt in der „Intern. Zeitschr. für ärztl. Psychoanalyse", ebenso Abschnitt IV und VI (Jahrgang 4 und 5).

1*

und auch die Musik, die er bis dahin eifrig pflegte, sei unpünktlich, wolle seine Eltern nicht sehen; zur Erklärung seines Benehmens berufe er sich auf die Verliebtheit in ein Mädchen, Tochter eines angesehenen Bürgers seiner Stadt.

Zweimal hatte ich Gelegenheit, den jungen Mann nach diesen Vorgängen wiederzusehen. Das erstemal standen bei ihm Züge von E r o t o m a n i e und B e z i e h u n g s w a h n im Vordergrund. Jenes Mädchen sei in ihn verliebt (das sieht er aus verschiedenen kleinen Anzeichen). Doch alle Welt schaue auf sein Genitale, manche machen anzügliche Bemerkungen, so dass er einen jungen Mann deswegen zum Duell forderte. (Diese Tatsache wurde vom Vater bestätigt.) Er werde den Leuten schon zeigen, daß er ein Mann ist! — Seine Kenntnisse aus der psychoanalytischen Literatur verwandte er dazu, die Krankheit auf andere Personen, besonders auf die Eltern zu wälzen. „Die Mutter ist in mich unbewußt verliebt, darum benimmt s i e sich mir gegenüber so sonderbar." Zum nicht geringen Schreck der Mutter weihte er sie sogar in dieses Geheimnis ein. Der Patient hatte zu dieser Zeit, wie das bei der Paraphrenie manchmal vorkommt, eine Art Selbstwahrnehmung der in ihm vor sich gegangenen Veränderung. Nicht nur die Menschen hätten sich verändert, auch er sei anders geworden. Seine Liebe zu jenem Mädchen habe nicht mehr die Kraft wie früher, aber „durch Selbstanalyse" wolle er die Sache zurechtrücken.

Nach wenigen Wochen sah ich ihn zum letztenmal. Der Prozeß hat inzwischen starke Fortschritte gemacht und näherte sich auffällig, nur für ihn selbst unbemerkt, dem Kern jeder paranoischen Erkrankung, der Homosexualität. Er fühle sich von Männern „beeinflußt". Dieser Einfluß sei es, der seine Gefühle zum geliebten Mädchen verändert habe. Den Einfluß denkt er sich, wie die meisten Paraphreniker, als „Gedankenübertragung". Er drückt es zuerst nicht mit klaren Worten aus, läßt aber bald erraten, daß ihm von aller Welt Homosexualität zugemutet wird. Ausführlich erzählt er die Szene, bei der er die Selbstbeherrschung schließlich verlor. Er reiste im Eisenbahnabteil, ihm

gegenüber saß ein kleiner läche   her Mann, der ihn höhnisch
anschaute, als wollte er sagen, „aich kann ich ja koitieren".
Die Idee, daß sogar der kleine unmännliche Mann ihn für ein
Weib nimmt, erregte ihn sehr, und zum erstenmal kam ihm der
Rachegedanke: „Dich kann auch ich noch koitieren". Trotzdem
verließ er fluchtartig den Eisenbahnzug bei der nächsten Station,
ließ sogar sein Gepäck im Stiche, das längere Zeit verschollen
blieb. (Ich verweise hier darauf, daß uns aus der Traumdeutung
das „Gepäck" als Genitalsymbol bekannt ist, so daß das Ver-
lieren des Gepäcks als Hinweis auf die stattgefundene Kastration
gedeutet werden kann.)

Der Patient mußte alsbald in eine Anstalt gebracht werden,
so daß mir von seinem weiteren Schicksal nicht viel bekannt ist.
Ich höre, daß er immer mehr der Demenz verfällt. Doch auch
das wenige, was wir vom Falle wissen, ist wichtig genug, um
uns damit eingehender zu beschäftigen.

Das nächste, was einem auffällt, ist die Prägnanz, mit der
in den Wahnideen des Patienten die sonst meist nur mittels
Deutung zu erschließende homosexuelle Basis des psychischen
Leidens zum Vorschein kommt. Immerhin wurden solche Fälle
bereits von mir und Morichau-Beauchant (Poitiers) ver-
öffentlicht. Der Paranoiker mit ursprünglich ganz unklaren Be-
ziehungs- und Beschuldigungswahnideen kann schließlich unter
anderem auch der eigenen Homosexualität, allerdings in Form
einer ungerechten Beschuldigung, bewußt werden, gleichwie der
Zwangsneurotiker, dessen Leiden sich in sinnlosen Zwangsvorstel-
lungen äußert, mit der Zeit den ganzen realen psychischen
Hintergrund seines Leidens — aber in Form eines Zwangszere-
moniells, also seinem Ich wesensfremd — zur Schau tragen kann.

Ein viel tieferes Problem sieht man aber in diesem Falle
stecken, wenn man ihn von dem Gesichtspunkte aus betrachtet
ob hier das psychische Leiden, die Paranoia, traumatisch
von der Kastration ausgelöst wurde. Die Kastration des Mannes
die „Entmannung", ist allerdings recht geeignet, feminine Phantasien zu erzeugen, oder solche aus der verdrängten bisexuellen

Kindheitserinnerung wiederzubeleben, die dann in den Wahnideen Ausdruck finden.

Der Fall steht übrigens auch diesbezüglich nicht vereinzelt da. Vor mehreren Jahren veröffentlichte ich einen Fall von „Reizung der analen erogenen Zone als auslösende Ursache der Paranoia." Es handelte sich dort um einen Mann, der, nachdem an ihm vom Arzte eine Operation am Mastdarm ausgeführt wurde, dem Verfolgungswahnsinn verfiel. Auch der Eingriff am Mastdarm war sehr danach angetan, Phantasien von einem erlittenen homosexuellen Akte zu erregen oder wiederzubeleben.

Die ursprüngliche psychoanalytische Traumatheorie der Neurosen hat sich bis auf den heutigen Tag bewährt. Sie wurde durch die Theorie F r e u d s von der Sexualkonstitution und deren dispositioneller Bedeutsamkeit bei der Neurosenbildung nicht beseitigt, sondern e r g ä n z t, so daß wir im Prinzip nichts gegen die Möglichkeit einer t r a u m a t i s c h e n P a r a n o i a einzuwenden haben, bei der trotz normaler Sexualkonstitution gewisse Erlebnisse den Anstoß zur Entwicklung dieser Neuropsychose geben.

Vom Standpunkte der Sexualkonstitutionslehre F r e u d s betrachtet, ist die Paranoia eine narzißtische Neuropsychose. Es erkranken daran Personen, deren Sexualentwicklung an der Übergangsstelle vom Narzißmus zur Objektliebe eine Störung erlitt, so daß sie zur homosexuellen, also der narzißtischen näheren Objektwahl zu regredieren geneigt bleiben.

In seiner „Einführung des Narzißmus" gedenkt nun F r e u d u. a. auch meiner Annahme, wonach die eigenartigen Veränderungen im Liebesleben körperlich Kranker (die Zurückziehung der Libido vom Objekt und die Konzentrierung alles egoistischen wie libidinösen Interesses im Ich) mit dafür sprechen, daß hinter der Objektliebe des erwachsenen Normalmenschen versteckt ein großer Teil des früheren Narzißmus fortlebt und nur auf die Gelegenheit wartet, sich geltend zu machen. Eine körperliche Erkrankung oder Verletzung kann also ganz gut eine traumatisch zu nennende

Regression zum Narzißmus, eventuell deren neurotische Variante
zur Folge haben.

Die Beobachtungen über das libidinöse Verhalten körperlich
Kranker haben sich inzwischen vermehrt, und ich benütze diese
Gelegenheit, über die Neurosen infolge von organischer Erkrankung
oder Verletzung, die ich Krankheits- oder Pathoneurosen
nennen möchte, einiges mitzuteilen.

Es stellte sich heraus, daß in sehr vielen Fällen die von der
Außenwelt zurückgezogene Libido nicht dem ganzen Ich, sondern
hauptsächlich dem erkrankten oder beschädigten Organe zuge-
wendet wird, und an der verletzten oder erkrankten Stelle
Symptome hervorruft, die man auf eine lokale Libidosteigerung
beziehen muß.

Leute, die einen hohlen Zahn oder Zahnschmerzen haben,
sind imstande, nicht nur — was begreiflich — ihr ganzes Interesse
von der Außenwelt ab und der schmerzhaften Stelle zuzu-
wenden, sondern sie benützen jene Stelle auch zu eigenartigen
Befriedigungen, die man nicht anders, als libidinös bezeichnen
kann. Sie lutschen, ziehen, saugen am kranken Zahn mit der
Zunge, stochern im hohlen Zahn mit Instrumenten herum, wobei
sie selbst zugeben, daß diese Manipulationen von ausgesprochenen
Lustgefühlen begleitet sind. Man kann nicht anders sagen: infolge
der von der Krankheit gesetzten Reize hat hier eine Körperstelle,
ähnlich wie bei der Hysterie auf Grund spezieller Disposition,
Genitalqualitäten angenommen, sie wurde „genitalisiert".
Auf Grund eines von mir analysierten Falles kann ich behaupten,
daß diese Zahnparästhesien ausgesprochene oralerotische und
kannibalische Phantasien zur psychischen Folge haben können,
d. h. auch die Psychosexualität in entsprechendem Sinne verändern. Einen ähnlichen Reizzustand der Oralerotik können —
wie Freud mir mitteilte — langdauernde Zahnbehandlungen,
Zahnregulierungen etc. zur Folge haben.

Ein Magenkranker, dessen ganzes Interesse von der Verdau-
ung in Anspruch genommen war, tat den charakteristischen Aus-

spruch, daß ihm „die ganze Welt schlecht schmeckt"; es schien, als sei auch seine ganze Libido um den Magen zentriert. — Vielleicht gelingt es einmal, die spezifischen Charakterveränderungen bei organisch Kranken als Reaktionsbildungen des Ich auf solche. Verschiebungen der Libido zurückzuführen. Man sagt, die Magenkranken seien „cholerisch", „bissig", man spricht von einem Phthisicus salax, usw.

Von Kinderärzten weiß ich, daß nach einem K e u c h h u s t e n trotz Abheilung des Infektionsprozesses jahrelang nervöse Hustenanfälle vorkommen können; auch dieses kleine hysterische Symptom möchte ich aus der Libidoverschiebung auf ein erkrankt gewesenes Organ erklären.

Das Wiederaufleben der A n a l e r o t i k nach einem Darmleiden, meist in neurotischer Verkleidung, ist ein bei Analysen häufig zu beobachtendes Vorkommnis.

Diese Beispiele ließen sich gewiß noch vermehren, aber für unsere Betrachtungen genügen sie. Wir ersehen aus ihnen, daß organische Krankheit nicht nur eine narzißtische, sondern eventuell eine, das libidinöse Objektverhältnis noch beibehaltende, „übertragungsneurotische" (hysterische) Libidostörung zur Folge haben kann. Ich möchte diesen Zustand K r a n k h e i t s h y s t e r i e (P a t h o h y s t e r i e) nennen, im Gegensatz zur S e x u a l n e u r o s e F r e u d s, bei der die Libidostörung das Primäre, die organische Funktionsstörung das Sekundäre ist. (Hysterische Blindheit, nervöses Asthma.)

Schwieriger ist die Abgrenzung dieser Zustände von der H y p o c h o n d r i e, der d r i t t e n A k t u a l n e u r o s e F r e u d s. Der Unterschied ist hauptsächlich der, daß bei der Hypochondrie nachweisbare Veränderungen in den Organen fehlen und überhaupt nicht vorhanden waren.

Die t r a u m a t i s c h e N e u r o s e ist die Folge einer starken seelischen und körperlichen Erschütterung o h n e erhebliche Körperverletzung. In ihrer Symptomatologie mengen sich narzißtische Regression (Auflassung eines Teiles der Objektbesetzungen) mit konversions- resp. angsthysterischen Krankheitszeichen, die wir bekanntlich zu den Übertragungsneurosen rechnen.*

Wann aber wird die Krankheit oder Beschädigung eine weitergehende Regression in den Narzißmus zur Folge haben und einen „Krankheitsnarzißmus" oder eine echte narzißtische Neurose erzeugen? Ich meine, dies könnte unter drei Umständen der Fall sein. 1. Wenn der konstitutionelle Narzißmus — sei es auch nur latent — schon vor der Schädigung allzu stark war, so daß die kleinste Verletzung eines Körperteiles das ganze Ich trifft; 2. wenn das Trauma lebensgefährlich ist oder für solches gehalten wird, d. h. die Existenz (das Ich) überhaupt bedroht; 3. kann man sich das Zustandekommen einer solchen narziß-tischen Regression oder Neurose als Folge der Beschädigung eines besonders stark libido-besetzten Körperteils vorstellen, mit dem sich das ganze Ich leicht identifiziert. Nur mit dieser letzten Eventualität will ich mich hier beschäftigen.

Wir wissen, daß die Libidoverteilung im Körper keine gleichmäßige ist, daß es erogene Zonen gibt, an denen die libidinösen Energien hochgespannt, gleichsam verdichtet sind, während dies an anderen Körperteilen in viel geringerem Maße der Fall ist. Es ist von vornherein anzunehmen, daß die Verletzung oder Erkrankung dieser Zonen viel eher von tiefgreifenden Libido-störungen begleitet sein wird, als die des übrigen Körpers.

Während meiner kurzen, nur wenige Monate dauernden augenärztlichen Praxis im Krankenhause konnte ich feststellen, daß Psychosen nach Augenoperationen nicht zu den Seltenheiten gehören; diese Tatsache wird übrigens auch in den Lehrbüchern der Augenheilkunde hervorgehoben. Nun ist das Auge eines der mit Libido am stärksten besetzten Körperorgane, wie dies nicht nur die Psychoanalyse der Neurosen, sondern auch die reiche Folklore vom Wert des Augapfels beweist. Es ist verständlich, wenn der Verlust des Auges oder dessen Gefahr

---

* Siehe: Über zwei Typen der Kriegshysterie, S. 59.

das ganze Ich in Mitleidenschaft zieht, oder eine narzißtische Krankheitsneurose auslöst.

Auf die von mir geleitete Nervenabteilung eines Barackenspitales wurde im Laufe eines Kriegsjahres von der chirurgischen Abteilung ein einziger Kranker zur Beobachtung seines Geisteszustandes transferiert. Es war dies ein etwa 30jähriger Mann, dem eine Granate fast den ganzen Unterkiefer zerstörte. Sein Gesicht war durch den Defekt furchtbar entstellt. Das auffällige an seinem Benehmen war nun ein naiver Narzißmus. Er verlangte, daß an ihm die Pflegeschwester täglich und regelrecht eine Manikür vornehme, wollte von der Spitalskost nicht essen, da ihm viel feinere Speisen gebühren und wiederholte diese und ähnliche Wünsche unablässig nach Art der Querulanten. Also ein Fall von wirklichem „Krankheitsnarzißmus". Erst nach längerer Beobachtung konnte man bei ihm neben diesem anscheinend harmlosen Symptom auch Andeutungen von Verfolgungswahn feststellen.

Gerade beim Niederschreiben dieser Arbeit las ich ein Referat über eine Arbeit W a g n e r s vom Seelenzustand nach schweren Gesichtsverletzungen. Der Autor findet, daß das Gemüt nach solchen Verletzungen viel schwerer deprimiert ist als nach noch so schweren Verletzungen anderer Körperstellen. Alle Verletzten äußerten sich in dem Sinne, daß sie viel lieber einen Arm oder ein Bein verloren hätten. Es sei auch auffällig, wie oft sich die Gesichtsverletzten im Spiegel anschauen.

Nun kann man das Gesicht nicht eigentlich als erogene Zone bezeichnen, aber als Schauplatz eines sehr bedeutsamen Partialtriebes, der normalen E x h i b i t i o n, spielt es — als auffälligster unbedeckter Körperteil — eine eminent sexuelle Rolle. Es ist ganz gut denkbar, daß die Verstümmelung dieser so bedeutsamen Körperstelle auch ohne besonders starke Prädisposition zur narzißtischen Regression führen kann. Einen Fall von vorübergehender paraphrenieartiger Gefühlsstumpfheit konnte ich bei einem schönen jungen Mädchen nach einer Operation am Gesichte beobachten.

Die Identifizierung des ganzen Ich mit den Gesichtspartien ist etwas allgemein Menschliches. Es ist mir wahrscheinlich, daß die in der Sublimierungsperiode vor sich gehende Verlegung libidinöser Regungen „von unten nach oben" (F r e u d) die zunächst nur exhibitionistische Sexualrolle des Gesichtes — wahrscheinlich mit Hilfe der lebhaften Gefäßinnervation — sekundär „genitalisiert". (Unter Genitalisierung einer Körperpartie verstehe ich mit F r e u d die periodisch gesteigerte Hyperämie, Durchfeuchtung, Turgeszenz, von entsprechenden Nervenreizen begleitet.)

Der andere Körperpol, d e r A n u s u n d d e r E n d a r m, behält, wie bekannt, zeitlebens einen großen Teil seiner Erogeneität. Mein oben zitierter Fall von der Reizung der Analzone als auslösende Ursache einer Paranoia spricht dafür, daß der Weg zum Krankheitsnarzißmus und seiner neurotischen Variante auch von hier aus gangbar ist.

Eine ganz besondere Stelle unter den erogenen Zonen nimmt d a s G e n i t a l e ein. Seit F r e u d wissen wir, daß es schon frühzeitig das Primat aller erogenen Zonen übernimmt, so daß sich die erogene Funktion aller übrigen Zonen zu Gunsten der Genitalzone einschränkt. Hinzufügen muß man, daß sich dieses Primat auch darin äußert, daß jede Erregung einer erogenen Stelle sofort auch das Genitale in Mitleidenschaft zieht, so daß das Genitale als erotisches Zentralorgan sich zu den übrigen Zonen wie das Gehirn zu den Sinnesorganen verhält. Die Ausbildung eines solchen, die übrigen Erotismen zusammenfassenden Organes dürfte überhaupt die Vorbedingung der von F r e u d postulierten narzißtischen Stufe der Sexualität sein. Mit Bestimmtheit können wir annehmen, daß zwischen dem Genitale und dem narzißtischen Ich (F r e u d) zeitlebens die allerintimsten Beziehungen bestehen bleiben, ja daß das Genitale vielleicht überhaupt der Kristallisationskern der narzißtischen Ichbildung ist. Als psychologische Bestätigung dieser Annahmen dient uns die weitverbreitete Identifizierung des Ich mit dem Genitale in Träumen, in der Neurose, in der Folklore und im Witz.

Nach alledem würde es nicht wundernehmen, wenn es sich

herausstellte, daß Krankheiten oder Verletzungen der Genitalien
besonders dazu geeignet sind, die Regression in den Krankheitsnarzißmus hervorzurufen. Ich verweise zunächt auf die sogenannten
Puerperalpsychosen, die sicher nicht auf „Infektion" oder
banale „Aufregung", sondern auf die bei der Geburt unvermeidliche Verletzung der zentralen erogenen Zone zurückzuführen sind.
Wie bekannt, gehört eine große Zahl dieser Psychosen zur Gruppe
der Paraphrenien (Dementia praecox). Aber auch andere Krank-
heitszustände des Genitales, Gonorrhoe, Syphilis etc., können
besonders beim männlichen Geschlechte tiefe Gemütsalterationen
hervorrufen, die das ganze Ich in Mitleidenschaft ziehen. Die über-
triebene Behauptung eines italienischen Gynäkologen, daß alle
Geisteskrankheiten der Frauen auf Genital- und Adnex-
erkrankungen zurückzuführen sind, ist die ungerechtfertigte Ver-
allgemeinerung der Möglichkeit einer genitalen Pathoneurose.
Die an das Ausscheidungsorgan (hier die Vagina) geknüpfte
schmerzliche Lust wird zum Teil auch auf das Ausscheidungs-
produkt (das Kind) übertragen. So wird es erklärlich, daß so
viele Mütter gerade ihr „Schmerzenskind" bevorzugen. Freud
machte mich auf diese Analogie aufmerksam.

Nun ist es zuzugeben, daß die Läsion der genitalen oder
einer anderen der erwähnten Zonen ebensowohl eine hysterische,
also nicht - narzißtische Neurose zur Folge haben kann, aber
ceteris paribus sind diese Stellen eher als andere dazu geneigt,
auf ihre Erkrankung oder Verletzung narzißtisch zu reagieren.
Wir glauben also berechtigt zu sein, auch im eingangs mitgeteilten Fall von Paranoiaerkrankung nach Kastration der Verletzung der Genitalzone nicht nur eine banale „auslösende"
sondern eine spezifische ätiologische Bedeutung beizumessen.

Zur Stütze letzterer Behauptung kann außer den angeführten,
zum Teil theoretischen Erwägungen eine sehr häufige psychia-
trische Beobachtung herangezogen werden. An Paraphrenie
(Dementia praecox) leidende Patienten beklagen sich sehr oft
über eigenartige Empfindungen in einzelnen Körperpartien, z. B.:
ihre Nase sei schief, ihre Augen von veränderter Stellung, ihre

Kopfform entstellt usw., obzwar an den betreffenden Körperstellen auch die genaueste Untersuchung keine objektive Veränderung feststellen kann.

Es kann nun kein Zufall sein, daß sich diese hypochondrischen Empfindungen so häufig gerade am Gesicht, am Auge (nicht selten an den Genitalien) äußern, also an denselben Körperstellen, deren narzißtische Bedeutsamkeit wir soeben hervorgehoben haben. Noch auffälliger ist es, daß Paraphreniker so häufig Selbstverstümmelungen gerade an diesen erogenen Zonen begehen: sich kastrieren, sich das Auge ausstechen usw., oder den Arzt auffordern, an ihrem Gesichte, an der Nase eine kosmetische Operation vorzunehmen.

Wir wissen nun von F r e u d, daß solche lärmende Symptome der Paraphrenie im Dienste der Selbstheilungstendenz stehen, müssen also auch in den Fällen von Selbstblendung und Selbstentmannung annehmen, daß sich der Patient mittelst des brutalen Eingriffes von hypochondrisch-narzißtischen Parästhesien obenerwähnter Art befreien wollte. Jedenfalls spricht die Tatsache allein, daß die rein psychogene Paraphrenie derartige Parästhesien gerade an den erogenen Zonen hervorzurufen vermag, und daß der Patient als Reaktion darauf gerade zum Mittel der Selbstverletzung greift, entschieden für die Möglichkeit, daß dieser Prozeß auch umgekehrt gangbar sein, daß also eine traumatische oder pathologische Störung dieser narzißtisch wichtigen Körperstellen eher als die anderer eine narzißtische Pathoneurose nach sich ziehen kann.

Solche Reziprozität zentraler und peripherer Reizzustände ist uns auch sonst wohl bekannt. Eine Hautwunde z. B. kann jucken, aber ein rein zentrales Jucken kann zum Kratzen, mit anderen Worten zum Setzen von Hautwunden an der juckenden Stelle, also zu einer Art Selbsverletzung Veranlassung geben.

Auf welche Art eine Körperverletzung oder krankhafte Organstörung die Libidoverteilung verändern mag, ist noch ganz unersichtlich, wir müssen uns zunächst mit der Konstatierung der Tatsache selbst begnügen.

Wenn aber ein Hund seine verletzte Pfote stundenlang zärtlich leckt, ist es eine unangebrachte Rationalisierung, anzunehmen, daß er damit eine medizinische Heilwirkung, die Desinfektion seiner Wunde etc. erzielen will. Viel plausibler ist die Vermutung, daß sich seine Libido dem verletzten Gliede in erhöhtem Maße zuwendet, so daß er es mit Zärtlichkeiten bedenkt, wie sonst nur seine Genitalien.

Nach alledem ist es nicht unwahrscheinlich, daß an verletzten oder erkrankten Körperstellen sich nicht nur weiße Blutkörperchen „chemotaktisch" zusammenrotten, um ihre reparatorische Tätigkeit zu entfalten, sondern daß dort auch eine größere Libidomenge aus den übrigen Organbesetzungen zusammenströmt. Vielleicht hat diese Libidosteigerung sogar an den in Gang gesetzten Heilvorgängen seinen Teil. „Mit wollüstigem Reiz schließt sich die Wunde geschwind." (Mörike.)

Wenn sich aber das Ich dieser lokalisierten Libidosteigerung mittelst der Verdrängung erwehrt, so mag eine hysterische, wenn es sich mit ihr vollkommen identifiziert, eine narzißtische Pathoneurose, eventuell einfacher Krankheitsnarzißmus die Folge der Verletzung oder Erkrankung sein.

Es ist zu erwarten, daß die weitere Erforschung dieser Vorgänge etwas Licht auf einige sexualtheoretisch noch sehr dunkle Probleme, besonders auf das des Masochismus und der weiblichen Genitalität werfen wird.

Der Schauplatz der masochistischen Betätigung, mag sie später noch so komplizierte und sublimierte Formen annehmen, ist nach Freud ursprünglich immer die Hautdecke des Körpers. Es scheint, daß unvermeidliche Hautverletzungen bei jedem Menschen lokalisierte traumatische Libidosteigerungen verursachen, die — zunächst reine Autoerotismen — später unter entsprechenden Umständen den Kern eines echten Masochismus ausmachen können.* Soviel ist mindestens zu behaupten, daß beim Masochismus in ähnlicher Weise Libidosteigerungen an verletzten Körperstellen entstehen, wie wir sie in den angeführten Fällen von Krankheits- oder Pathoneurosen angenommen haben. Was die weibliche Genitalität anbelangt, wissen wir von Freud, daß die anfangs ganz virile, aktive, an die Clitoris gebundene Genitalfunktion des Weibes erst nach der Pubertät einer weiblichen, passiven (vaginalen) weicht. Vorbedingung des ersten vollweiblichen Sexualgenußes scheint aber gerade eine Körperverletzung: die Zerreißung des Hymen und die gewaltsame Dehnung und Streckung der Vagina durch den Penis zu sein. Ich vermute, daß diese Verletzung, die ursprünglich keinen Sexualgenuß, nur Schmerz bereitet, nach Art der Pathoneurosen die Verlegung der Libido auf die verletzte Vagina sekundär mit sich bringt, gleichwie die Kirsche, an der ein Vogel genagt hat, eher Süße und Reife erlangt.

Es ist wahr, daß diese Verlegung der Libido von der Clitoris (Aktivität) auf die Vagina (Passivität) sich im Laufe der Phylogenese bereits organisiert hat und mehr-minder auch ohne jenes Trauma zustande kommt. In einem der von Freud beschriebenen Typen des Liebeslebens aber — der Frau, die den ersten Überwinder haßt und nur den zweiten lieben kann — scheint uns noch die ursprüngliche Zweizeitigkeit des Prozesses, die zur weiblichen (passiven) Genitalität führte, erhalten zu sein, nämlich die primäre Haßreaktion auf die Körperverletzung und die sekundäre Verlegung der Libido auf die verletzte Körperstelle, aufs Instrument, das die Wunde gesetzt hat, und auf den Träger dieser Waffe.

---

* Ich weiß aus mündlichen Mitteilungen Freuds, daß der Masochismus immer auf Kastrationsdrohung zurückzuführen ist, und vermute, daß dabei ein zweiter, nunmehr neurotischer Vorgang zur Verdrängung der normalen Genitaltriebe und zur regredienten, allerdings bereits genitalisierten Wiederbelebung des oben erwähnten Hautmasochismus, d. h. des Urmasochismus, führt.

II.

Hysterische Materialisationsphänomene.

Gedanken zur Auffassung der hysterischen Konversion und Symbolik.

„Ihr habt den Weg vom Wurme
zum Menschen gemacht und vieles
ist in euch noch Wurm."
(Nietzsche. Also sprach Zarathustra, I. Teil.
Taschenausgabe. S. 13. Leipzig 1909.)

Die psychoanalytischen Forschungen F r e u d s entlarvten die konversionshysterischen Symptome als D a r s t e l l u n g e n unbewußter Phantasien mit körperlichen Mitteln. Eine hysterische Armlähmung z. B. kann — in negativer Darstellung — eine aggresive Betätigungsabsicht, ein Krampf das Ringen einander widersprechender Gefühlsregungen, eine lokalisierte Anaesthesie oder Hyperaesthesie, die unbewußt festgehaltene und ausgesponnene Erinnerung an eine sexuelle Berührung an jener Stelle bedeuten. Auch über die Natur der bei der hysterischen Symptombildung tätigen Kräfte hat uns die Psychoanalyse unerwartete Aufklärungen gegeben; sie zeigt uns in jedem einzelnen Falle, daß in der Symptomatik dieser Neurose abwechselnd oder zumeist in Kompromißbildungen erotische und egoistische Triebregungen zum Ausdruck gelangen. Schließlich entdeckten die letzten entscheidenden Untersuchungen F r e u d s über die Neurosenwahl auch die genetische Fixierungsstelle in der Entwicklungsgeschichte der Libido, die die Disposition zur Hysterie bedingt. Das disponierende Moment fand er in einer Störung der normalen Genitalentwicklung bei schon vollkräftigem Primat der Genitalzone. Der dieserart disponierte reagiert auf einen erotischen

Konflikt, der das psychische Trauma abgibt, mit der Verdrängung der Genitalregungen, eventuell mit der Verschiebung dieser Regungen auf scheinbar harmlose Körperstellen. Ich möchte das so ausdrücken, daß die Konversionshysterie jene Körperstellen, an denen die Symptome sich äußern, genitalisiert. In einem Versuch, die Entwicklungsstufen des Ichs zu rekonstruieren, konnte ich auch darauf hinweisen, daß die Disposition zur Hysterogenese auch die Fixierung an eine bestimmte Entwicklungsperiode des Wirklichkeitssinnes zur Voraussetzung hat, in der sich der Organismus noch nicht mit der Veränderung der Außenwelt, sondern mit denen des eigenen Körpers — mit magischen Gesten — der Realität anzupassen versucht; und einen Rückfall auf diese Stufe mag die hysterische Gebärdensprache bedeuten.

Kein Einsichtiger wird leugnen, daß diese Sätze eine Fülle von Erkenntnissen über die hysterische Neurose mitteilen, von der die präanalytische Neurologie nicht die entfernteste Ahnung hatte. Trotzdem glaube ich, daß es bei aller Befriedigung über das Erreichte zweckmäßig ist, auf die Lücken unseres Wissens auf diesem Gebiete hinzuweisen. Der „rätselhafte Sprung aus dem Seelischen ins Körperliche" (Freud) im konversionshysterischen Symptom z. B., ist immer noch ein Rätsel.

Versucht man diesem Rätsel an den Leib zu rücken, so kann man verschiedene Angriffspunkte wählen, so u. a. die eigenartigen Innervationsverhältnisse, die die Bildung manchen Konversionssymptoms bedingen.

Bei hysterischer Paralyse, Konvulsion, Anaesthesie und Paraesthesie zeigt sich die Fähigkeit der Hysterischen, die normale Zuleitung der sensiblen und Ableitung der motorischen Innervation vom resp. zum Bewußtsein zu unterbrechen oder zu stören. Aber auch abgesehen von diesen schon im Bereiche des Psychischen stattfindenden Änderungen des Erregungsablaufs, kennen wir hysterische Symptome, deren Erzeugung eine entschiedene Mehrleistung an Innervation erfordert, Leistungen, zu denen der normale neuropsychische Apparat unfähig ist. Der unbewußte

Wille des Hysterischen bringt Bewegungserscheinungen, Veränderungen der Blutzirkulation, der Drüsenfunktion und der Gewebsernährung zustande, wie sie der bewußte Wille eines Nichthysterischen zu leisten nicht vermag. Die glatten Muskelfasern des Magendarmtraktes, der Bronchien, die Tränen- und Schweißdrüsen, die Schwellkörper der Nase etc., stehen dem Unbewußten der Hysterischen zur Verfügung; er kann Einzel-Innervationen, z. B. im Bereiche der Augen- und Kehlkopfmuskeln produzieren, die dem Gesunden unmöglich sind; allgemein bekannt ist auch seine, allerdings seltenere Fähigkeit, lokale Blutungen, Blasenbildungen, Haut- und Schleimhautschwellungen zu erzeugen.

Wir wollen nicht vergessen, daß nicht die Hysterie allein zu solchen Leistungen befähigt. Hypnose und Suggestion, denen auch der Normalmensch mehr minder zugänglich ist, vermögen ähnliche Erscheinungen hervorzurufen. Auch gibt es sonst normale Menschen, die sich in der Kindheit einzelne solcher Überleistungen „angewöhnen", so z. B. die isolierte Innervation sonst nur symmetrisch beweglicher Muskeln, die gewollte Beeinflußung der Herz-, Magen- und Darmfunktion, der Irismuskeln etc., die sie dann eventuell als „Künstler" produzieren. Ein großer Teil der Erziehungsarbeit beim Kinde besteht in der Abgewöhnung ähnlicher Kunststücke und in der Angewöhnung anderer. Jedenfalls hat aber die Kindererziehung die psychische Beeinflußbarkeit auch solcher Organbetätigungen zur Voraussetzung, die später scheinbar „automatisch" oder „reflektorisch" einsetzen, in Wirklichkeit aber seit Kindheit fortwirkende Befehlsautomatismen sind. Ich denke z. B. an das regelrechte Funktionieren der Schließ- und Entleerungsmuskeln des Darms und der Blase, an das Einschlafen und Erwachen in regelmäßigen Zeitabständen usw. — Nicht gering ist bekanntlich auch die Mehrleistungsfähigkeit der A f f e k t e, die die verschiedensten Kreislaufs- und Ausscheidungsvorgänge beeinflußen können.

Wenn wir uns zunächst auf die Mehrleistungen beschränken, die bei der hysterischen Symptombildung zur Verwendung kommen, so wird es zweckmäßig sein, aus der fast unübersehbaren Mannigfaltigkeit der hier gegebenen Möglichkeiten eine umschriebene Gruppe hervorzuheben. Ich wähle hiezu hysterische Symptome am Magendarmtrakt, die uns in ziemlich lückenloser Serie zur Verfügung stehen.

Eine der gewöhnlichsten hysterischen Erscheinungen ist das Symptom des globus hystericus, jenes eigenartigen Krampfzustandes der Schlundmuskulatur, der nebst einem andern Schlundsymptom, dem Fehlen des Würgreflexes, vielfach zu den Stigmen dieser Neurose gezählt wird. In einer speziellen Untersuchung mußte ich diese Anaesthesie des Rachens und der Schlundgegend als die Reaktion auf unbewußte fellatorische, cunnilinguistische, koprophagische etc. Phantasien zurückführen, die der Genitalisierung jener Schleimhautstellen ihr Entstehen verdanken. Während nun diese Phantasien in der Anaesthesie ihren negativen Ausdruck finden, stellt der globus hystericus, wie man sich in allen der Psychoanalyse unterzogenen Fällen überzeugen kann, dieselben Phantasien im positiven Sinne dar. Die Kranken selbst reden von einem Knödel, der ihnen im Hals steckte, und wir haben allen Grund zu glauben, daß durch entsprechende Kontraktionen der Ring- und Längsmuskulatur des Schlundes nicht nur die Paraesthesie eines Fremdkörpers, sondern eine Art Fremdkörper, ein Knödel, wirklich zu Stande gebracht wird. Nach der Analyse erscheint allerdings jener Knödel als ein ganz besonderer, nicht harmloser, sondern erotisch gemeinter Fremdkörper. In nicht wenigen Fällen bewegt sich dieser „Knödel" rythmisch nach oben und unten und entspricht diese Bewegung unbewußt vorgestellten Genitalvorgängen.

Einem großen Teile der an neurotischer Eßunlust, Brechneigung und sonstigen Magenstörungen leidenden Kranken bedeutet das Essen, das Hinabgleiten eines Fremdkörpers durch den engen muskulösen Schlauch der Speiseröhre, unbewußterweise ähnliche genitale Insulte wie sie von dem mit globus behafteten auch ohne äußeren Reiz phantasiert werden. Seit den Untersuchungen Pawlows über die psychische Beeinflußung der Magensaftsekretion wird wohl niemand darüber staunen, daß solche Phantasien auch alle Grade von Magensaftverminderung oder Vermehrung, von Hyper- und Anacidität zur Folge haben können.

Auf Grund „infantiler Sexualtheorien" (Freud), die das Kinderkriegen auf die Einverleibung einer Substanz durch den Mund zurückführen, kann das Unbewußte mittels entsprechender Kunststücke der Magen-, Darm- und Bauchmuskulatur, eventuell mit Zuhilfenahme von Luftschlucken, eine eingebildete Schwangerschaft produzieren.

Noch verständlicher ist dem Psychoanalytiker das Auftreten unstillbaren Erbrechens bei wirklicher Schwangerschaft (vomitus gravidarum), die schon so verschiedentliche toxikologische Erklärung gefunden hat. Die psychoanalytische Erfahrung zwang mich zu einer andersartigen Deutung dieses Symptoms. Es handelt sich hier um eine Abwehr- oder Ausstoßungstendenz, die sich gegen den im Uterus unbewußt verspürten Fremdkörper — die Leibesfrucht — richtet, aber nach bewährtem Muster „von unten nach oben" verschoben und am Mageninhalt zur Ausführung gebracht wird. Erst in der zweiten Hälfte der Schwangerschaft, wo die Kindsbewegungen die genitale Lokalisation der Veränderungen und Sensationen auch die Hysterischen nicht mehr ableugnen lassen, hört die Brechneigung auf, das heißt, das Ich des Hysterischen resigniert, es bequemt sich der unabwendbaren Wirklichkeit an und verzichtet auf das phantastische „Magenkind".

Es ist bekannt, daß Gemütsbewegungen die Darmperistaltik beeinflußen, daß Angst und Schreck Durchfall, ängstliche Erwartung Schließmuskelkrampf und Stuhlverhaltung zur Folge haben können. In welch ausgiebigem Maße aber diese Einflüsse zeitlebens wirken, und welche Vorstellungskomplexe und Triebregungen dabei eine spezielle Rolle spielen, dies nachzuweisen blieb gleichfalls Freud und seiner Psychoanalyse vorbehalten.

Ein erfahrener Wiener Internist, Prof. Singer, erkannte schon längst, daß der Dickdarm als Verdauungsorgan nur geringe Bedeutung hat und daß er eigentlich analer Natur ist, die

Ausscheidungsfunktion beherrscht. Die Psychoanalyse kann diese Beobachtung bestätigen und um einiges ergänzen. Unsere Neurotiker, besonders die Hysterischen zeigen uns in ausgeprägter Weise, daß der Dickdarm an jeder Stelle als Sphincter fungieren kann, und daß im Dickdarm nebst der en bloc-Innervierung, die die Kotsäule mit einem Ruck vorwärts treibt, auch fein abgestufte und lokalisierte Kontraktionen möglich sind, die ein Kotstück oder eine Gasblase an irgend einer Stelle festhalten, sie dort komprimieren und gleichsam formen können, was von schmerzhaften Paraesthesien begleitet sein kann. Die Vorstellungen, die auf diese Innervationen einen speziellen Einfluß nehmen, gehören merkwürdigerweise einem von Besitzen-, Behalten-, Nichthergebenwollen beherrschten Komplexe an. Wir erleben es in der Analyse unzähligemale, daß der Neurotiker, dem ein Wert oder etwas Wertvolles wider Willen genommen wurde, sich zum Ersatz einen Besitz an Darminhalt längere Zeit hindurch anhäuft; daß er die Absicht, längst zurückgehaltene Geständnisse preiszugeben, mit einem ungewöhnlich kopiösen Stuhl ankündigt; daß er tagelang von „verschlagenen Winden" geplagt wird, die sich erst nach Aufgeben des Widerstandes gegen den Arzt entleeren können, wo der Absicht, ihm ein Geschenk zu verehren, nichts mehr im Wege steht. Auch begleiten solche anale Hemmungs- oder Lösungssymptome gerne die Konflikte, die von der Notwendigkeit, dem sonst sympatischen Arzte ein Honorar zahlen zu müssen, heraufbeschworen werden.

Die hysterogene Rolle des Mastdarms und des Anus selbst konnte ich in einem Falle monatelang studieren. Ein Patient, der schon als älterer Junggeselle auf Drängen seines Vaters heiratete und dann wegen psychischer Impotenz in Behandlung kam, litt zeitweise an einer eigenartigen Verstopfung; er fühlte genau, sogar peinlich, daß die Kotmasse sich im Mastdarm anhäuft, war aber außer Stande, sie zu entleeren; kam es auch zur Defäkation, so fehlte ihm das Gefühl der Erleichterung. Die Analyse zeigte dann, daß dieses Symptom immer dann auftrat, wenn er mit einer ihm irgendwie imponierenden männlichen

Persönlichkeit in Konflikt geraten ist. Es erwies sich schließlich als Äußerung seiner unbewußten Homosexualität. Gerade in den Momenten, in denen er energisch gegen den Mann auftreten wollte, stellte sich ihm eine unbewußte homosexuelle Phantasie hinderlich in den Weg, und war er gezwungen, sich aus dem stets gewärtigen plastischem Material des Darminhaltes mit Hilfe der kontraktilen Darmwand ein männliches Glied zu formen — gerade das Glied des bewußt gehaßten Gegners — das sich aus dem Darm nicht entfernen wollte, bis der Konflikt auf irgend eine Art gelöst war. Allmählich lernte er die psychoanalytische Art der Lösung, d. h. die Einsicht in den beschriebenen Konflikt.

Was ist nun das Gemeinsame an allen Symptomen der mitgeteilten Serie? Offenbar die von F r e u d entdeckte körperliche Darstellung eines unbewußten sexuellen Wunsches. Doch gerade an der Art dieser Darstellung ist etwas, was eingehender gewürdigt werden muß.

Wenn beim globus hystericus der unbewußte Fellationswunsch einen Knödel im Schlunde produziert, wenn die wirklich oder eingebildet schwangere Hysterica aus Mageninhalt und Magenwand ein „Magenkind" gestaltet, wenn der unbewußt Homosexuelle den Darm und seinen Inhalt zu einem Körper von bestimmter Größe und Gestalt formt, so handelt es sich um Vorgänge, die ihrem Wesen nach keiner der uns bekannten Arten der „Trugwahrnehmungen" entsprechen. Wir können sie nicht Halluzinationen nennen. Eine Halluzination kommt zustande, wenn einem affektbesetzten Gedankenkomplexe der progressive Weg zum Bewußtsein durch die Zensur verlegt wird, und die von ihm ausgehende Erregung einen rückläufigen — regressiven — Weg einschlagend, das im Gedächtnis aufgespeicherte Rohmaterial jener Gedanken wiederbesetzt und als aktuelle Wahrnehmung bewußt werden läßt.* Motorische Vorgänge aber,

---

* Über diese Auffassung der Halluzination siehe das Kapitel „Regression" in F r e u d s Traumdeutung. IV. Aufl., S. 420.

die sich, wie wir sahen, bei der Bildung konversionshysterischer Symptome so ausgiebig beteiligen, sind der Halluzination wesensfremd. Die Kontraktion der Magen-, resp. Darmwand beim globus, beim hysterischen Erbrechen, bei der Verstopfung ist eben durchaus nicht „eingebildet", sondern real. Auch von einer I l l u s i o n im bisher gebräuchlichen Sinne können wir hier nicht reden. Die Illusion ist die sensorische Mißdeutung oder Verzerrung eines real gegebenen äußeren oder inneren Reizes. Das Subjekt verhält sich aber auch hier eher passiv, während der Hysterische s e l b e r die Reize produziert, die er dann illusorisch mißdeuten kann. Für die beschriebene Art der hysterischen Symptombildung, aber auch für dieses psychophysische Phänomen überhaupt, ist also ein besonderer Name erforderlich. Man kann es ein M a t e r i a l i s a t i o n s p h ä n o m e n nennen, da sein Wesen darin besteht, daß sich in ihm ein Wunsch, gleichsam magisch, aus der im Körper verfügbaren Materie realisiert und — wenn auch in primitiver Weise — plastisch dargestellt wird, ähnlich wie ein Künstler die Materie seiner Vorstellung nachformt, oder wie die Okkultisten den „Apport" oder die „Materialisation" von Gegenständen auf den einfachen Wunsch eines Mediums hin, sich vorstellen.*

Ich bemerke gleich hier, daß dieser Vorgang nicht nur bei der Hysterie, also einem Krankheitsprozeß von verhältnismäßig geringer Bedeutung, sondern auch bei vielen Affektzuständen des Normalmenschen vorkommt. Ein großer Teil der sogenannten Ausdrucksbewegungen, die die Erregungen des menschlichen Gemüts begleiten — Erröten, Erblassen, Ohnmacht, Angst, Lachen, Weinen etc. — dürften bedeutsame Ereignisse des Einzel- und des Menschheitsschicksals „darstellen", sind also gleichfalls „Materialisationen".

Wie können wir nun dieses Phänomen unter die uns schon bekannten psychischen Vorgänge einreihen, und wie haben wir

---

* Nach Ansicht vieler Forscher ist zumindest ein großer Teil der Fälle von okkulter Materialisierung hysterische Selbsttäuschung. Mangels diesbezüglicher Erfahrung kann ich hierüber keine Meinung äußern.

seinen Mechanismus vorzustellen? Der Vergleich, der sich einem
sofort aufdrängt, ist die Analogie mit der Traumhalluzination,
wie wir sie seit den Traumforschungen F r e u d s kennen. Auch
im Traume werden Wünsche als erfüllt dargestellt. Doch ist
die Wunscherfüllung hier rein halluzinatorisch; die Motilität ist
im Schlafe gelähmt. Beim Materialisationsphänomen hingegen
scheint es sich um eine noch tiefer zurückgreifende Regression
zu handeln; der unbewußte und bewußtseinunfähige Wunsch begnügt sich hier nicht mit der sensorischen Erregung des psychischen Wahrnehmungsorgans, sondern überspringt auf die unbewußte
Motilität. Dies bedeutet eine t o p i s c h e Regression bis zu einer
Tiefe des psychischen Apparats, in der Erregungszustände nicht mehr
mittels — wenn auch nur halluzinatorischer — psychischer Besetzung, sondern einfach durch motorische Abfuhr erledigt werden.

Z e i t l i c h entspricht dieser Topik eine sehr primitive onto-
und phylogenetische Entwicklungsstufe, die noch nicht durch die
Anpassung mittels Veränderung der Außenwelt, sondern durch
die mittels Veränderungen des eigenen Leibes charakterisiert war.
In Gesprächen über Entwicklungsfragen pflegen wir mit F r e u d
dieses ursprüngliche Stadium das a u t o p l a s t i s c h e zu nennen,
im Gegensatz zum späteren a l l o p l a s t i s c h e n.

Das Psychische müßten wir uns hier auch f o r m a l bis zum
physiologischen Reflexvorgang vereinfacht vorstellen.*

Wenn man sich also den Reflexvorgang nicht nur als Vorbild, sondern als Vorstufe des Psychischen vorstellt, zu der auch
die höchste psychische Komplikation zu regredieren geneigt bleibt,
so kommt einem der so rätselhafte Sprung vom Psychischen ins
Körperliche im Konversionssymptom, und das reflektorisch wunsch-
erfüllende Materialisationsphänomen minder wunderbar vor. Es
ist einfach die Regression zur „P r o t o p s y c h e".

In jenen primitiven Lebensvorgängen, auf die die Hysterie
zurückzugreifen scheint, sind Körperveränderungen, die, wenn sie
psychogen auftreten, als Mehrleistungen imponierten, gang und

---

* Diese dreifache Auffassung der Regression lehnt sich gleichfalls an die
oben zitierte Stelle von F r e u d s „Traumdeutung" an.

gäbe. Die Bewegung der glatten Muskelfasern der Gefäßwände, die Tätigkeit der Drüsen, die formale und chemische Zusammensetzung des Blutes, die ganze Gewebsernährung wird ja infrapsychisch reguliert. Bei der Hysterie stellen sich all diese physiologischen Mechanismen unbewußten Wunschregungen zur Verfügung, so daß bei voller Umkehrung des normalen Erregungslaufs ein rein psychischer Vorgang in einer physiologischen Körperveränderung ihren Ausdruck finden kann.

Freud wirft in seiner „Traumdeutung" — im Kapitel über die Psychologie der Traumvorgänge — die Frage auf, welche Veränderungen im psychischen Apparat die Halluzinationsbildung im Traume ermöglichen dürften. Er findet die Lösung dieser Frage einerseits im besonderen Charakter des Ablaufs psychischer Erregungen im Unbewußten, anderseits in der Begünstigung durch Veränderungen, die der Schlafzustand mit sich bringt. Das „freie Überfließen der Intensitäten" von einem psychischen Element auf das andere ermöglicht eine besonders intensive Erregung auch weiter entfernter Anteile des psychischen Systems, unter anderem des psychischen Sinnesorgans, der Wahrnehmungsfläche des Bewußtseins. Nebst diesem positiven Faktor schafft der Schlafzustand auch einen „negativen", indem er durch Abhaltung von aktuellen Sinneserregungen gleichsam einen leeren Raum am sensiblen Ende des Apparates zustande kommen läßt, so daß dort infolge des Ausfalls konkurrierender Außenreize die innere Erregung überstark zur sinnlichen Geltung gelangt. Bei der psychotischen Halluzination nimmt Freud eine noch größere Intensität des „positiven Faktors" an, so daß sich die Halluzination trotz des Wachzustandes, also der Konkurrenz der Außenreize, durchsetzt.

Wie sind nun die Erregungsverhältnisse beim Auftreten eines Konversionssymptoms vorzustellen? In dem Aufsatz über die hysterischen Stigmata (S. 32), mußte ich die hysterische Anaesthesie als eine Dauerveränderung am sensiblen Ende des Ψ-Systems beschreiben, die ähnlich dem Schlafzustand das Zustandekommen von Halluzinationen und Illusionen begünstigt. In den Fällen nun, in denen ein Konversionssymptom einer anaesthetischen Stelle superponiert ist — übrigens ein sehr häufiges Vorkommnis — darf man gleichfalls eine Begünstigung der Symptombildung durch den Ausfall der bewußten Empfindungsreize annehmen.

In allen anderen Fällen muß die Kraftquelle, die z. B. eine Materialisation zustande bringt, in einem positiven Faktor gesucht werden.

Die Monotonie, mit der in den psychoanalytischen Symptomdeutungen der Hysterie immer nur Genitalvorgänge wiederkehren, beweist uns, daß die bei der Konversion sich betätigende Kraft der genitalen Triebquelle entstammt. Es handelt sich hier also um einen Einbruch rohgenitaler Kräfte in höhere psychische Schichten und diese sind es, die die Psyche zu positiven Kraftleistungen ungewöhnlicher Art befähigt.

Es war vielleicht das bedeutendste Ergebnis der auf Arbeitsteilung zielenden organischen Entwicklung, daß es einerseits zur Differenzierung besonderer Organsysteme kam, die die Reizbewältigung und -verteilung zur Aufgabe haben (psychischer Apparat) und anderseits besor en Organe zur periodischen Abfuhr der sexuellen Erregungsmengen des Organismus (Genitalien). Das Organ der Reizverteilung und Bewältigung kommt in immer engere Beziehung zum Selbsterhaltungstriebe und wird in seiner höchsten Entfaltung zum Denkorgan, dem Organ der Realitätsprüfung. Das Genitale dagegen behält auch beim erwachsenen Menschen seinen ursprünglichen Charakter als Entladungsorgan bei, es wird durch die Zusammenfassung sämtlicher Erotismen zum erotischen Zentralorgan. (Vgl. S. 11.) Die volle Ausbildung dieser polaren Gegensätzlichkeit ermöglicht dann ein vom Lustprinzipe relativ unabhängiges Denken und eine vom Denken ungestörte Fähigkeit zur genitalen Sexualbefriedigung.

Die Hysterie aber ist, wie es scheint, ein Rückfall in jenen Urzustand, in dem diese Scheidung noch nicht vollzogen war, und bedeutet einen Einbruch genitaler Triebregungen in die Denksphäre, resp. die Abwehrreaktion auf diesen Einbruch. Das Entstehen eines hysterischen Symptoms könnten wir also folgendermaßen vorstellen: Eine überstarke genitale Triebanwandlung will zum Bewußtsein vordringen. Das Ich empfindet die Art und die Stärke dieser Regung als eine Gefahr und verdrängt sie ins Unbewußte. Nachdem dieser Lösungsversuch mißlang, kommt es zum noch weiteren Zurückdrängen jener störenden Energiemengen aufs psychische Sinnesorgan (Halluzination) oder in die unwillkürliche Motilität im weitesten Sinne (Materialisation). Auf diesem Wege kam aber jene Trieb-Energie in innigste Berührung mit höheren psychischen Schichten und unterlag deren auswählender Bearbeitung. Es hörte auf ein einfaches Quantum zu sein, wurde qualitativ abgestuft und so zum symbolischen Ausdrucksmittel komplizierter psychischer Inhalte. Vielleicht bringt uns diese Auffassung dem Urrätsel der Hysterie, dem „Sprung vom Psychischen ins Physische" doch um eine Spur näher. Wir können wenigstens ahnen, wie ein psychisches Gebilde — ein Gedanke — zur Machtfülle gelangt, die es ihm gestattet, rohe organische Massen in Bewegung zu setzen; diese Kraft wurde ihm eben von einem der bedeutendsten Kraftreserven des Organismus, der Genitalsexualität geliehen. Anderseits würde es auch verständlicher, wie es möglich ist, daß im hysterischen Symptom physiologische Prozesse die Fähigkeit zur Darstellung komplizierter Seelenvorgänge und zur fein abgestuften Anpassung an deren wechselnde Mannigfaltigkeit erlangen. Es handelt sich hier eben um Produktion eines hysterischen Idioms, einer aus Halluzinationen und Materialisationen zusammengesetzten symbolischen Sondersprache.

Zusammenfassend können wir uns den psychischen Apparat des Hysterischen als ein Uhrwerk mit verkehrtem Mechanismus vorstellen. Normalerweise versieht das Denken die Funktion des Uhrzeigers, der die Vorgänge im inneren Räderwerk gewissenhaft registriert. Bei der Hysterie wird der Zeiger von einem gewalttätigen Gesellen gezerrt und zu einer ihm sonst wesensfremden Kraftleistung gezwungen; nun werden die Bewegungen des Zeigers es sein, die das innere Werk in Bewegung setzen.

Als weiterer Ausgangspunkt zur Untersuchung hysterischer Konversionsphänomene käme ihre Symbolik in Betracht.

F r e u d wies darauf hin, daß die symbolische Ausdrucks-
weise nicht nur der Traumsprache eigen ist, sondern allen Tätig-
keitsformen, bei denen das Unbewußte mitspielt. Am merkwürdig-
sten ist aber die vollkommene Übereinstimmung zwischen der
Symbolik des Traumes und der Hysterie.

Alle Traumsymbolik erweist sich nach der Deutung als
Sexualsymbolik, gleichwie die körperlichen Darstellungen der
Konversionshysterie ausnahmslos eine sexualsymbolische Deutung
erfordern. Ja, die Organe und Körperteile, die im Traume die
Genitalien symbolisch zu vertreten pflegen, sind die nämlichen, die auch die Hysterie zur Darstellung genitaler Phantasien zu verwenden pflegt.

Hier einige Beispiele: Der Z a h n r e i z t r a u m stellt symbolisch Onanie-Phantasien dar; in einem von mir analysierten
Hysteriefalle äußerten sich dieselben Phantasien durch Z a h n-
p a r a e s t h e s i e n im Wachen. — In einem Traum, den ich un-
längst zu deuten hatte, wurde einem Mädchen e i n G e g e n-
s t a n d i n d e n H a l s g e s t e c k t, wodurch es starb; die Vorgeschichte des Falles läßt aber den Traum als symbolische Darstellung des illegitimen Koitus, der Schwangerschaft und der
geheimen Fruchtabtreibung erscheinen, die die Patientin in ver-
meintliche Lebensgefahr brachte. Also hier dieselbe Verlegung
von Unten nach Oben, dieselbe Verwendung der Rachen- und
Schlundpartie anstatt der Genitalien, wie beim g l o b u s h y s t e-
r i c u s. — Die N a s e steht im Traum oft für das männliche
Glied; in mehreren männlichen Hysteriefällen konnte ich aber
nachweisen, daß S c h w e l l u n g e n d e r N a s e n m u s c h e l n
unbewußte libidinöse Phantasien der Patienten darstellten, während
die Schwellkörper der Genitalien selbst unerregbar blieben. (Diesen
Zusammenhang zwischen Nase und Genitalität entdeckte übrigens
F l i e ß schon vor der Psychoanalyse.) — Die Schwangerschaft
wird im Traume nicht selten durch ein „S i c h - Ü b e r e s s e n"
oder durch E r b r e c h e n symbolisch dargestellt, — also ebenso
wie wir dies vom h y s t e r i s c h e n E r b r e c h e n feststellen
konnten. — S t u h l a b s e t z e n im Traume bedeutet manchmal

ein dargebrachtes Geschenk, nicht selten den Wunsch, Jemandem ein Kind zu schenken. Wir erwähnten schon, daß dasselbe **Darmsymptom in der Hysterie** den nämlichen Sinn haben kann. U. s. w. —

Die so weitgehende Übereinstimmung führt uns zur Vermutung, daß **in der Hysterie ein Stück der organischen Grundlage, auf die die Symbolik im Psychischen überhaupt aufgebaut ist, zum Vorschein kommt.**

Nach **Freuds** „Abhandlungen zur Sexualtheorie" ist es nicht schwer, die Organe, auf die die Sexualität der Genitalen symbolisch verlegt wird, als die hauptsächlichen Lokalisationsstellen der Vorstufen der Genitalität, d. h. als die **erogenen Zonen** des Körpers zu erkennen. Der Entwicklungsweg vom Autoerotismus über den Narzißmus zur Genitalität und damit zur Objektliebe, dieser Weg wird im Traume wie in der Hysterie rückläufig vom Genitale her begangen. Also auch hier eine Regression, demzufolge statt der Genitalien jene Vorstufen und ihre Lokalisationsstellen von der Erregung besetzt werden.

Demnach wäre die für die Hysterie so charakteristische „Verlegung von Unten nach Oben" nur die Umkehrung jener **Verlegung von Oben nach Unten,** der das Genitale ihr Primat verdankt und deren volle Ausbildung zur oben erwähnten Polarität zwischen Sexualfunktion und Denktätigkeit führt.

Selbstverständlich meine ich nicht, daß in der Hysterie die Genitalität einfach in sein Rohmaterial aufgelöst wird, glaube vielmehr, daß jene Vorstufen hier nur als Leitzonen der Erregung dienen, diese Erregung selbst aber in ihrer Art und Intensität den Genitalcharakter auch nach der Verlegung beibehält. Man könnte also sagen: bei der hysterischen Konversion werden die früheren Autoerotismen mit Genitalsexualität besetzt, d. h. erogene Zonen und Partialtriebe **genitalisiert***. Diese Genitalqualität äußert

---

* „Die Hysterie ist das Negativ der Perversion", lautet einer der Hauptsätze **Freuds.** Tatsächlich findet man auch bei den Perversionen Erwachsener niemals reine Autoerotismen, sondern auch hier bereits Genitalisierung der überwundenen infantilen Vorstufen.

sich in der Neigung zum Turgor und zur Durchfeuchtung der
Gewebe (Freud), die dann zur Reibung und dadurch zur Auf-
hebung des Reizes zwingt.

Die ursprüngliche Konversionstheorie faßte das hysterische
Konversionssymptom als Abreagierung eingeklemmter
Affekte auf. Diese, ihrer Natur nach unbekannte „Einklemmung"
erwies sich später in jedem Falle als eine Verdrängung.
Ergänzend muß hinzugefügt werden, daß diese Verdrängung
immer die libidinösen, speziell die genitalsexuellen Regungen
betrifft, und daß sich jedes hysterische Symptom, mögen wir sie
von welcher Seite immer betrachten, als heterotope Genitalfunktion erkennen läßt. Die Alten behalten also recht,
wenn sie von der Hysterie sagten: „Uterus loquitur!"

*

Ich kann diese Gedankenreihe nicht abschließen, ohne auf
einige Arbeitsthemen hinzuweisen, die sich mir im Laufe dieser
Untersuchung, wie übrigens bei vielen ähnlichen Anlässen, auf-
drängten.

In den hysterischen Symptomen sehen wir — zu unserem
nicht geringem Erstaunen — daß sich hier lebenswichtige Organe,
ohne Rücksicht auf ihre eigentliche nützliche Funktion, ganz dem
Lustprinzip unterordnen. Der Magen, der Darm treibt Puppen-
spiel mit der eigenen Wandung und ihrem Inhalte, anstatt diesen
Inhalt zu verdauen und auszuscheiden; die Haut ist nicht mehr
die schützende Körperdecke, deren Empfindlichkeit vor übergroßen
Insulten warnt: sie gebärdet sich als echtes Sexualorgan, dessen
Berührung zwar bewußt nicht perzipiert wird, aber unbewußt
Lustbefriedigungen bereitet. Die Muskulatur, anstatt wie sonst durch
zweckmässig geordnete Handlungen zur Erhaltung des Lebens
beizutragen, ergeht sich in der dramatischen Darstellung phan-
tastischer Lustsituationen. Und es gibt kein Organ, keine Körperstelle, die vor solcher Lustverwendung gefeit wäre. — Ich glaube
nun nicht, daß es sich hier um Vorgänge handelt, die nur für
die Hysterie gelten, sonst aber bedeutungslos sind oder überhaupt

fehlen. Schon gewisse Vorgänge im normalen Schlafzustand weisen darauf hin, daß phantastische Materialisationsphänomene auch bei Nichtneurotischen möglich sind. Ich denke an die eigenartige Mehrleistung des Pollutionsvorganges.

Vermutlich ruhen aber diese Lustbestrebungen der Körperorgane auch bei Tage nicht ganz, und es wird einer eigenen L u s t -p h y s i o l o g i e bedürfen, um sie in ihrer ganzen Bedeutsamkeit zu erkennen. Die bisherige Wissenschaft von den Lebensvorgängen war ausschließlich N u t z p h y s i o l o g i e, sie beschäftigte sich nur mit den für die Erhaltung nützlichen Funktionen der Organe.

Kein Wunder, daß uns auch die besten und ausführlichsten Lehrbücher der Menschen- und Tierphysiologie, wenn wir in ihnen über den K o i t u s Aufschluß verlangen, im Stiche lassen. Sie wissen uns weder von den sonderbaren Einzelheiten dieses so tief eingewurzelten Reflexmechanismus, noch von ihrer onto- und phylogenetischen Bedeutung etwas zu sagen. Und doch glaube ich, daß dieses Problem für die Biologie von zentraler Bedeutung ist und erwarte von seiner Lösung wesentliche Fortschritte dieser Disziplin.

Schon diese Problemstellungen zeigen uns nebstbei, daß entgegen der geläufigen Anschauung, wonach die biologische Forschung die Vorbedingung des psychologischen Fortschritts ist, die Psychoanalyse uns zu biologischen Problemen verhilft, die von der anderen Seite her nicht zu stellen waren.

Ein anderes bisher nur von psychologischer Seite betrachtetes Problem, das der k ü n s t l e r i s c h e n B e g a b u n g, wird in der Hysterie von seiner organischen Seite einigermaßen beleuchtet. Die Hysterie ist, wie F r e u d sagt, ein Zerrbild der Kunst. Die hysterischen „Materialisierungen" zeigen uns aber den Organismus in ihrer ganzen Plastizität, ja in ihrer Kunstfertigkeit. Es dürfte sich zeigen, daß die rein „autoplastischen" Kunststücke des Hysterischen vorbildlich sind nicht nur für die körperlichen Produktionen der Artisten und der Schauspieler, sondern auch für die Arbeit jener bildenden Künstler, die nicht mehr ihren Leib, sondern Material der Außenwelt bearbeiten.

III.

Erklärungsversuch einiger hysterischer Stigmata.

Das Wort „Stigma" ist kirchengeschichtlichen Ursprungs und bedeutete einst die wunderbare Tatsache, daß die Wundmale Christi durch die Kraft inbrünstigen Gebetes auf Gläubige übertragen wurden. Zur Zeit der Hexenprozesse galt die Empfindungslosigkeit beim Brennen mit dem Glüheisen als Stigma der Schuld. Die einstigen Hexen heißen heute Hysteriker, und gewisse Dauersymptome, die bei ihnen mit großer Regelmäßigkeit wiederkehren, werden als hysterische Stigmata bezeichnet

Ein auffälliger Unterschied zwischen dem Psychoanalytiker und den übrigen Nervenärzten in Bezug auf die Würdigung der Stigmen tritt schon bei der ersten Untersuchung eines Falles von Hysterie zum Vorschein. Der Psychoanalytiker begnügt sich damit, den Fall körperlich so weit zu untersuchen, als es nötig ist, um die Verwechslung mit einer organischen Nervenkrankheit auszuschließen und beeilt sich, die psychischen Eigenheiten des Falles zu betrachten, mit deren Hilfe er erst die feinere Diagnose stellen kann. Der Nichtanalytiker läßt den Patienten kaum ausreden, ist froh, wenn er mit seinen dem Arzte nichts sagenden Klagen fertig ist und die organische Untersuchung beginnen kann. Bei dieser verweilt er dann, auch nach Ausschließung organischer Komplikationen, mit großem Behagen und freut sich, wenn er am Ende konstatieren kann, daß die von der Pathologie geforderten hysterischen Stigmen nachweisbar sind, nämlich das halbseitige Fehlen oder die Herabsetzung der Berührungs- oder Schmerzempfindlichkeit, das Ausbleiben des reflektorischen Blinzelns bei Berührung der

Binde- oder Hornhaut, die konzentrische Einengung des Gesichtsfeldes, das Fehlen des Gaumen- und Rachenreflexes, das Gefühl
eines Knödels im Schlunde (Globus), die Überempfindlichkeit der
Unterbauchgegend (Ovarie) etc.

Man kann nicht sagen, daß die diesbezüglichen fleißigen
Untersuchungen (mit einziger Ausnahme der geistvollen Experi-
mente J a n e t s mit der hysterischen Hemianaesthesie), etwas
zum Verständnis der Hysterie beigetragen hätten, — vom thera-
peutischen Erfolg gar nicht zu reden. Sie blieben dennoch die
wichtigsten Ingredientien aller Krankengeschichten über Hysterische und verleihten diesen durch ihre quantitative und graphische
Darstellbarkeit den Schein der Exaktheit *.

Mir war es seit langem unzweifelhaft, daß auch diese Symptome der Hysterie von der Psychoanalyse, solcher Fälle, in denen
diese Zeichen besonders stark hervortreten, ihre Erklärung zu
erwarten haben.

Von der h y s t e r i s c h e n S t ö r u n g d e r H a u t e m p f i n d-
l i c h k e i t konnte ich bisher nur wenige Fälle analytisch durch-
schauen, einen noch im Jahre 1909, den ich im Folgenden mitteilen möchte:

Ein 22 jähriger junger Mann suchte mich mit der Klage auf,
daß er „sehr nervös" sei, und an schreckhaften Traumhalluzinationen
leide. Es kam dann heraus, daß er verheiratet ist, aber „weil er
bei Nacht so große Angst hat", immer noch nicht neben seiner
Frau, sondern im Nachbarzimmer neben dem Bette der Mutter
am Fußboden schläft. Der Alptraum, dessen Wiederkehr ihn seit
sieben oder acht Monaten beängstigt und den er nicht ohne
Schauder erzählen kann, verlief das erste Mal wie folgt: „Ich erwachte — sagt er — gegen ein Uhr nachts, mußte mit der
Hand an den Hals greifen und schrie: Eine Maus ist auf mir

---

* Ich kann auch über eine eigene Arbeit, in der ich auf gewisse Diffe-
renzen zwischen der organischen und der hysterischen Anaesthesie hinwies,
nicht besser urteilen. (Erschienen in 1900 im „G y.ó g y á s z a t" und in der
„P e s t e r M e d.-C h i r. P r e s s e".)

sie läuft mir in den Mund. Die Mutter erwachte, machte Licht, liebkoste und beruhigte mich, ich konnte aber nicht einschlafen, bis mich die Mutter zu sich ins Bett nahm."

Nach den Aufklärungen F r e u d s über die infantile Angst zweifelt wohl kein Psychoanalytiker daran, daß es sich hier um eine Angsthysterie in der Form des Pavor nocturnus handelt und daß der Patient das allerwirksamste Mittel zu deren Heilung: die Rückkehr zur liebenden Mutter gefunden hat.

Interessant ist aber der Nachtrag zu dieser Traumerzählung: „Als die Mutter Licht machte, sah ich, daß ich statt der gefürchteten Maus, d i e e i g e n e l i n k e H a n d im Mund hatte, die ich mit der Rechten mit aller Kraft herauszuziehen mich anstrengte."

Es wurde so klar, daß in diesem Traum die linke Hand eine besondere Rolle, die Rolle einer Maus, spielte; diese Hand, die an seinem Hals herumtastete, wollte er mit seiner Rechten erhaschen oder verscheuchen, „die Maus" fuhr ihm aber in den offenen Mund hinein und drohte ihn zu ersticken.

Es interessiert uns hier zunächst weniger, welche Sexualszenen in diesem Traume symbolisch dargestellt sind. Dafür müssen wir auf die merkwürdige Aufteilung der Rollen zwischen der rechten und linken Hand hinweisen, die lebhaft an den Fall einer hysterischen Patientin F r e u d s erinnert, die im Anfall mit der einen Hand die Röcke aufhob, mit der Anderen sie in Ordnung zu bringen suchte.

Es muß hervorgehoben werden, daß der Patient schon aus dem Schlafe erwacht war und mit erstickter Stimme nach Licht schrie, die linke Hand ihm aber immer noch im Munde stak, ohne daß er sie von einer Maus hätte unterscheiden können. Ich mußte diesen Umstand mit der h y s t e r i s c h e n A n - a e s t h e s i e d e r l i n k e n K ö r p e r h ä l f t e in Zusammenhang bringen, wenn ich auch gestehen muß, daß ich die Hautempfindlichkeit nicht mit der erforderlichen Genauigkeit untersuchen konnte. — Schon ein recht oberflächliches analytisches Eindringen in diesen Alptraum zeigte mir dann, daß der zur Mutter

infantil fixierte Patient hier den „von Unten nach Oben" ver-
schobenen Sexualverkehr (aus der „Oedipusphantasie") realisierte,
wobei die linke Hand das männliche, der Mund das weibliche
Genitale vorstellte, während die rechte, gleichsam sittlichere
Hand im Dienste der sich regenden Abwehrtendenz stand und
die verbrecherische „Maus" verjagen wollte. All dies war aber
nur dadurch ermöglicht, daß der linken Hand die bewußte
Empfindlichkeit fehlte und sie zum Tummelplatz verdrängter
Tendenzen werden konnte.

Als Gegenstück führe ich einen zweiten Fall von hysterischer
Hemianaesthesie an, den ich vor kurzem auf meiner Abteilung
für nervenkranke Soldaten beobachten konnte. Die Aufzeichnungen
über den Fall lauten wie folgt:

X. Y., Artillerie-Zugsführer, aufgenommen am 6. Februar 1916.
Der Patient war 14 Monate im Felde, erlitt eine leichte
Streifschußwunde an der linken Schläfe (Narbe nachweisbar).
Nach sechswöchiger Spitalsbehandlung kam er wieder ins Feld,
doch kurze Zeit nachher fiel etwa 30 Schritte links von ihm
eine Granate ein, bei deren Explosion er vom Luftdruck nieder-
geworfen und von Erdschollen getroffen wurde. Er diente eine
Weile weiter, wurde aber später „verwirrt", „schwindlig" und da er
ziemlich viel trank, schickte man ihn mit der Diagnose „Alko-
holismus" ins Hinterland. Beim Kader seines Truppenkörpers
hatte er einen Auftritt mit dem vorgesetzten Feuerwerker, der ihn
(wie er es beim analytischen Verhör, nach Überwindung starken
Widerstandes mitteilte) in sein Zimmer lockte und mit einer Reit-
peitsche züchtigte. Er verheimlichte den ihm zugefügten Schimpf
und ließ sich, da er sich krank fühlte, ins Militärspital auf-
nehmen. Eine Weile war die von den Hieben getroffene Körperhälfte fast vollständig lahm. Bei der Transferierung in ein anderes
Spital, als er schon Gehversuche machte, begann die Muskulatur
der linken Körperhälfte zu zittern. Die vom Zittern verursachte
Gehstörung ist seine Hauptklage.

Aus dem Untersuchungsbefund: Patient verhält sich beim
Liegen vollkommen ruhig, beim Gehen zittert die linke Körper-

hälfte. Er stützt sich eigentlich nur auf das rechte Bein und auf einen Stock. Die linke Ober- und Unterextremität nimmt an der Lokomotion gar nicht teil und wird steif, die Schulter nach vorn, vorwärts geschoben. Von organischer Nervenkrankheit sind keine Anzeichen nachweisbar. Außer der beschriebenen Dysbasie sind folgende funktionelle Störungen vorhanden: Starke gemütliche Erregbarkeit, Überempfindlichkeit gegen Schall, Schlaflosigkeit und eine totale Analgesie und Anaesthesie der linken Körperhälfte.

Sticht man ihm links hinten, ohne daß er es bemerkt, eine Nadel tief in die Haut ein, so reagiert er nicht im Mindesten, wenn man sich aber seiner linken Körperhälfte mit einer Nadel von vorne her nähert, so daß er sie sehen kann, so führt er trotz der auch links vorne bestehenden Analgesie und Anaesthesie, heftige Flucht- und Abwehrbewegungen aus. Er ergreift die sich nähernde Hand, hält sie krampfhaft fest und behauptet, bei drohender Berührung einen Schauder in der anaesthetischen Körperhälfte zu empfinden, die ihn zu jener nicht zu unterdrückenden Abwehrhandlung zwingt. Verbindet man ihm die Augen, so erweist er sich links vorne ebenso analgetisch und anaesthetisch wie hinten. Jenes „Schaudern" ist also ein rein psychisches Phänomen, ein Gefühl und keine Empfindung; es erinnert an jenes Gefühl, das auch der Gesunde empfindet, wenn eine kitzliche Körperstelle von einer Berührung bedroht wird.*

Der Leser wird es schon erraten haben, daß hier die Abschließung der Sensibilität der linken Körperhälfte vom Bewußtsein im Dienste einer Verdrängungstendenz steht. Der Ausfall der Berührungsempfindungen erleichtert die Unterdrückung der Erinnerung an jene dramatischen Erlebnisse, die sich im Laufe des Krieges gerade an die linke Seite knüpften und deren letzte, die Züchtigung durch einen Vorgesetzten, die Symptome auslöste. Ich muß hinzufügen, daß der Patient, der allgemein für einen rabiaten Menschen gilt und sich der Spitalordnung nur

---

* Es häufen sich bei mir Erfahrungen zu einer psychologischen Erklärung des Kitzelgefühls, die sich auf die Freud'sche Theorie der Witzeslust stützt.

schwer fügte, sich bei jener Mißhandlung — ihm selbst unerklär-
licher Weise — nicht im Mindesten wehrte. Er verhielt sich dem
Feldwebel, wie seinerzeit als Kind dem damaligen Vorgetzten,
dem Vater, gegenüber. Er fühlt nicht, damit er nicht zurück-
schlagen muß und aus demselben Grunde will er jede Annäherung
an die verletzte Körperstelle verhindern.

Wenn wir nun die hier mitgeteilten zwei Fälle von Hemianaesthesie miteinander vergleichen, können wir vielleicht aus
dem Gegensatze der traumatischen Hemianaesthesie und des
hemianaesthetischen Stigma die Charaktere des Letzteren erraten.
Beiden Fällen gemeinsam ist die Abschließung der sensiblen
Erregung von Bewußtsein, bei Erhaltung sonstiger psychischer
Verwendbarkeit dieser Erregung. Beim angsthysterischen Patienten
sahen wir, daß die Unempfindlichkeit der einen Körperhälfte
dazu benützt wurde, die unbewußten Sensationen, die die Be-
rührungen und Stellungsänderungen dieser Körperteile hervor-
riefen, zur „Materialisierung" der Oedipusphantasie zu verwenden.

Im Falle der traumatischen Hemianaesthesie muß ich auf
Grund anderer Erfahrungen bei der Kriegsneurose, sowie von
Beobachtungen der Libidostörung bei körperlichen Verletzungen
überhaupt, gleichfalls eine libidinöse Verwendung der verdrängten
bewußtseinsunfähigen Berührungsempfindungen annehmen*.

Allenfalls handelt es sich in beiden Fällen um dieselbe Un-
zugänglichkeit des Vorstellungskreises einer Körperhälfte für neue
Assoziationen, die F r e u d schon im Jahre 1893 als die Grundlage der hysterischen L ä h m u n g e n erkannte**.

Während aber im zweiten der mitgeteilten Fälle die asso-
ziative Unzulänglichkeit davon herrührt, daß die Vorstellung der
unempfindlichen Körperteile „in die mit unerledigtem Affekte be-

---

* S. die Aufsätze über „Pathoneurosen" und „Materialisationen".
** Archives de Neurologie 1893.

haftete Erinnerung eines Traumas einbezogen ist"*, gab es im
ersten Falle von Halbseitenanaesthesie, bei dem wir die Em-
pfindungslähmung als Stigma ansprechen mußten, kein trauma-
tisches Ereignis, dessen Erinnerung sich gerade mit der linken
Seite verknüpft hätte.

Einen Unterschied zwischen der „stigmatischen" und trauma-
matischen Hemianaesthesie können wir nun nach der Art statuieren,
in der bei ihnen das „körperliche Entgegenkommen" seine Rolle
spielt. Beim Trauma bestand kein solches Entgegenkommen, es
wurde erst durch die erlittenen Erschütterungen geschaffen.
Beim anaesthetischen Stigma hingegen scheint ein solches Entgegenkommen, eine rein physiologische Disposition der behafteten
Körperstellen zur Auflassung der bewußten Besetzung und zur
Überlassung ihrer Empfindungsreize an die unbewußten libidinösen Regungen von vornherein zu bestehen. Wir könnten
auch sagen, daß die Anaesthesie nur im traumatischen Falle
ideogen, im stigmatischen zwar psychogen aber nicht ideogen ist.
Nach dem Trauma ist die eine Körperhälfte unempfindlich,
w e i l sie eine Verletzung erlitten hat, beim Stigma: d a m i t
sie zur Darstellung unbewußter Phantasien geeignet wird und
damit „die Rechte nicht weiß was die Linke tut."

Eine Bekräftigung [dieser Auffassung verdanke ich der
Berücksichtigung des Unterschiedes zwischen Rechts und Links.
Es fiel mir auf, daß das hemianaesthetische Stigma im allgemeinen häufiger links als rechts vorkommt; dies wird auch in
einzelnen Lehrbüchern hervorgehoben. Ich mußte daran denken,
daß d i e   l i n k e   K ö r p e r h ä l f t e   u n b e w u ß t e n   R e g u n g e n
s c h o n   a   p r i o r i   z u g ä n g l i c h e r   i s t   a l s   d i e   r e c h t e,
die infolge der stärkeren Aufmerksamkeitsbesetzung dieser
tätigeren und geschickteren Körperhälfte vor der Beeinflußung
durch das Unbewußte besser geschützt ist. Es ist denkbar,
daß — bei Rechtshändern — die Fühlsphäre der linken
Seite von vornherein ein gewisses Entgegenkommen für unbe-

---

* Breuer-Freud, Studien über Hysterie. 3. Aufl., 1916.

wußte Erregungen zeigt, so daß sie leichter ihrer normalen Funktionen beraubt und in den Dienst unbewußt-libidinöser Phantasien gestellt wird.

Doch selbst wenn wir von dieser — immerhin sehr inkonstanten — Bevorzugung der linken Seite beim hemianaesthetischen Stigma absehen, so viel bleibt aus diesem Gedankengang allenfalls übrig, daß es bei der stigmatischen Hemianaesthesie um eine Aufteilung der Hautdecke zwischen den miteinander in Konflikt geratenen Instanzen (dem Bewußten und dem Unbewußten, dem Ich und der Libido) handelt.

Hier eröffnet sich eine Aussicht auch zum Verständnis eines anderen hysterischen Stigmas: der konzentrischen Einengung des Gesichtsfeldes. Was wir vom Unterschiede zwischen Rechts und Links sagten, gilt vom Unterschiede des zentralen und peripheren Sehens in erhöhtem Maße. Sicherlich ist das zentrale Sehen schon vermöge ihrer Funktionsart mit der bewußten Aufmerksamkeit inniger verknüpft, während die Peripherie des Sehfeldes dem Bewußtsein entrückter und der Schauplatz undeutlicher Sensationen ist. Es bedarf nur mehr eines Schrittes um diese Sensationen der bewußten Besetzung ganz zu entreißen und zum Rohmaterial unbewußter libidinöser Phantasien werden zu lassen. So käme das Gleichnis J a n e t s, wonach der Hysterische an einer „Einengung des Bewußtseinfeldes" leidet, wenigstens in diesem Sinne wieder zu Ehren.

Die Empfindungslosigkeit der Binde- und Hornhaut bei Hysterischen dürfte in innigem Zusammenhang mit der Gesichtsfeldeinengung ihre Erklärung finden. Es ist möglich, daß sie der Ausdruck derselben Verdrängung optischer Sensationen ist; sind wir doch daran gewöhnt, daß sich bei der Hysterie die Anaesthesien nicht nach der anatomischen Funktion, sondern nach dem Vorstellungsbilde der Organe abgrenzen. Hier muß man aber noch eines berücksichtigen. Die Hornhaut ist normalerweise gerade die empfindlichste Stelle des ganzen Körpers, so daß die Reaktion auf deren Verletzung, das Weinen, das Ausdrucksmittel seelischen Schmerzes überhaupt geworden ist. Mag sein, daß das Ausbleiben dieser Reaktion bei Hysterischen mit der Unterdrückung der Gefühlsregungen in Zusammenhang steht.

Die hysterische Anaesthesie des Rachens steht, wie ich es in vielen der Analyse unterzogenen Fällen sehen konnte, im Dienste der Darstellung von Genitalphantasien durch den Schluckprozeß. Es ist verständlich, daß die Genitalerregung, die von „unten nach oben" verlegt wird, sich diese ihr so vielfach ähnliche Reizquelle nicht entgehen läßt. Bei der Rachenhyperaesthesie handelt es sich um die Reaktionsbildung gegen dieselben perversen Phantasien, während der globus hystericus als „Materialisierung" solcher Wünsche samt ihrer Abwehrtendenz angesehen werden kann. Worin die spezielle Neigung der Schlundpartie zur Stigmatisierung besteht, ist allerdings unersichtlich.

In vollem Bewußtsein der Unzulänglichkeit des mitgeteilten Materials, muß ich meinen Eindruck über die Entstehungsweise der hysterischen Stigmata in folgendem Satze zusammenfassen: Die hysterischen Stigmata bedeuten die Lokalisation konvertierter Erregungsmengen an Körperstellen, die infolge ihrer besonderen Eignung zum körperlichen Entgegenkommen sich unbewußten Triebregungen leicht zur Verfügung stellen, so daß sie zu „banalen" Begleiterscheinungen anderer (ideogener) hysterischer Symptome werden.

Da die hysterischen Stigmata bis jetzt überhaupt keine Erklärung hatten, muß ich mich einstweilen, bis ich nicht eines Besseren belehrt werde, mit diesem Erklärungsversuch behelfen.

Keinesfalls kann ich aber die „Erklärung" Babinskis, nach der die Stigmen (wie die hysterischen Symptome überhaupt) nur vom Arzte suggerierte „Pithiatismen" sind, als solche gelten lassen. Der wahre Kern dieser besonders primitiven Anschauung ist der, daß tatsächlich viele Kranke vom Bestehen ihrer Stigmen nichts wußten, bevor sie ihnen vom Arzte demonstriert wurden. Natürlich waren sie nichtsdestoweniger vorhanden und das kann nur jemand leugnen, der im alten Irrtum, das Bewußte mit dem Psychischen überhaupt gleichzusetzen, befangen ist.

Die Hysterie immer mit Suggestion, die Suggestion mit Hysterie erklären zu wollen, ohne diese Erscheinungen einzeln für sich analysiert zu haben, ist übrigens ein sehr geläufiger logischer Fehlgriff.

IV.

Technische Schwierigkeiten einer Hysterieanalyse.

(Zugleich Beobachtungen über larvierte Onanie und „Onanie-Äquivalente".)

Eine Patientin, die mit großer Intelligenz und viel Eifer den Vorschriften der psychoanalytischen Kur zu entsprechen bestrebt war und es an theoretischer Einsicht nicht mangeln ließ, machte nichtsdestoweniger nach einer gewissen, wohl der ersten Übertragung zuzurechnenden Besserung ihrer Hysterie lange Zeit hindurch keine Fortschritte.

Als die Arbeit überhaupt nicht von statten ging, griff ich zum äußersten Mittel und bestimmte einen Termin, bis zu dem ich sie noch behandeln will, in der Erwartung, daß ich hiedurch in ihr zureichendes Motiv zum Arbeiten schaffe. Auch dies half nur vorübergehend; bald fiel sie in die bisherige Untätigkeit zurück, die sie hinter der Übertragungsliebe versteckte. Die Stunden vergingen mit leidenschaftlichen Liebeserklärungen und Beschwörungen ihrer- und mit fruchtlosen Anstrengungen meinerseits, ihr die Übertragungsnatur ihrer Gefühle beizubringen und sie zu den realen, aber unbewußten Objekten ihrer Affekte zurückzuführen. Nach Ablauf des angesagten Termines entließ ich sie ungeheilt. Sie selbst war mit ihrer Besserung ganz zufrieden.

Viele Monate später kam sie in ganz desolatem Zustande wieder; ihre früheren Beschwerden rezidivierten mit der alten Heftigkeit. Ich gab ihrer Bitte nach und nahm die Kur wieder auf. Schon nach kurzer Zeit, sobald der bereits erreicht gewesene Grad der Besserung hergestellt war, begann sie das alte Spiel wieder.

Diesmal waren äußere Umstände die Ursache des Abbrechens der Kur, die also auch diesmal unbeendigt blieb.

Eine neuerliche Verschlimmerung und die Beseitigung jener Hindernisse führten sie zum drittenmal zu mir. Auch dieses Mal kamen wir lange Zeit hindurch nicht vorwärts.

Im Laufe ihrer unermüdlich wiederholten Liebesphantasien, die sich immer mit dem Arzte beschäftigten, machte sie öfters, wie beiläufig, die Bemerkung, daß sie dabei „unten fühlt", d. h. erotische Genitalempfindungen hat. Doch erst nach so langer Zeit überzeugte mich ein zufälliger Blick auf die Art, in der sie auf dem Sofa liegt, daß sie die ganze Stunde über die Beine gekreuzt hält. Dies führte uns — nicht zum erstenmal — zum Thema der Onanie, die ja von Mädchen und Frauen mit Vorliebe in der Weise ausgeführt wird, daß sie die Beine aneinander pressen. Sie negierte, wie auch schon früher, aufs entschiedenste, jemals derartige Praktiken getrieben zu haben.

Ich muß gestehen — und das ist bezeichnend für die Langsamkeit, mit der eine sich schon regende neue Einsicht zum Bewußtsein durchdringt — daß es immer noch längere Zeit dauerte, bis ich auf den Einfall kam, der Patientin diese Körperhaltung zu verbieten. Ich erklärte ihr, daß es sich dabei um eine larvierte Art der Onanie handelt, die die unbewußten Regungen unbemerkt abführt und nur unbrauchbare Brocken ins Material der Einfälle gelangen läßt.

Den Effekt dieser Maßnahme kann ich nicht anders als foudroyant bezeichnen. Die Patientin, der die gewohnte Abfuhr zur Genitalität verwehrt blieb, war in den Stunden von einer fast unerträglichen körperlichen und psychischen Rastlosigkeit geplagt; sie konnte nicht mehr ruhig daliegen, sondern mußte die Lage fortwährend wechseln. Ihre Phantasien glichen Fieberdelirien, in denen längstvergrabene Erinnerungsbrocken auftauchten, die sich allmählich um gewisse Ereignisse der Kindheit gruppierten und die wichtigsten traumatischen Anlässe der Erkrankung erraten ließen.

Der hierauf folgende Besserungsschub brachte zwar einen

entschiedenen Fortschritt, aber die Patientin — obzwar sie jene
Maßregel gewissenhaft befolgte — schien sich mit dieser Art
Abstinenz abzufinden und machte es sich auf dieser Stufe der
Erkenntnis bequem. Mit anderen Worten: Sie hörte wieder auf
zu arbeiten und flüchtete sich auf die Rettungsinsel der Über-
tragungsliebe.

Durch die vorhergegangenen Erfahrungen gewitzigt, konnte
ich aber nun die Verstecke aufstöbern, in die sie ihre autoerotische
Befriedigung rettete. Es kam heraus, daß sie zwar i n d e r
A n a l y s e n s t u n d e die Vorschrift befolgt, sie aber in den
übrigen Stunden des Tages fortwährend verletzt. Wir erfuhren
daß sie die meisten Betätigungen der Hausfrau und Mutter zu
e r o t i s i e r e n verstand, indem sie dabei die Beine unmerklich
und ihr selbst unbewußt aneinander preßte; natürlich erging sie
sich dabei in unbewußten Phantasien, die sie so vor dem Ent-
larvtwerden schützte. Nachdem der Verbot auf den ganzen Tag
ausgedehnt wurde, kam es zu einem neueren, aber immer noch
nicht definitiven Besserungsschub.

Der lateinische Satz: Naturam expellas furca, tamen ista
recurret, schien sich hier zu bewahrheiten. Ich bemerkte an ihr
im Laufe der Analyse oft gewisse „Symptomhandlungen", spie-
lerisches Drücken und Zerren an den verschiedensten Körperstellen. Nach dem allgemeinen und ausnahmslosen Verbot der
larvierten Onanie wurden diese Symptomhandlungen zu O n a n i e-
ä q u i v a l e n t e n. Ich verstehe darunter harmlos scheinende Rei-
zungen indifferenter Körperteile, die aber die Erogeneität des
Genitales qualitativ und quantitativ ersetzen. In unserem Falle
war die Absperrung der Libido von jeder anderen Abfuhr eine
so totale, daß sie sich zeitweise an jenen harmlosen Körperstellen, die von Natur aus durchaus keine hervorragenden erogenen Zonen sind, zu förmlichem O r g a s m u s steigerte.

Erst der Eindruck, den diese Erfahrung auf sie machte,
konnte die Patientin dazu bringen, meiner Behauptung, daß sie
in jenen kleinen „Unarten" ihre ganze Sexualität vergeudet,
Glauben zu schenken und darauf einzugehen, der Kur zuliebe

auch auf diese seit Kindheit geübten Befriedigungen zu verzich-
ten. Die Plage, die sie so auf sich nahm, war groß, aber sie
lohnte der Mühe. Die Sexualität, der alle abnormen Abflußwege
versperrt waren, fand von selbst, ohne hiezu der geringsten
Anweisung zu bedürfen, den Rückweg zu der ihr normal zuge-
wiesenen Genitalzone, von der sie in einer bestimmten Zeit ihrer
Entwicklung verdrängt, gleichsam aus der Heimat in fremde Länder
verwiesen wurde.

Dieser Repatriierung stellte sie noch als Hindernis die vor-
übergehende Wiederkehr einer in der Kindheit durchgemachten
Zwangsneurose in den Weg, die aber schon leicht zu übersetzen
war und ihr auch ohne weiteres verständlich wurde.

Die letzte Etappe war das Auftreten eines unmotivierten und
zu Unzeiten auftretenden H a r n d r a n g e s, dem nachzugeben
ihr gleichfalls untersagt wurde. Eines Tages überraschte sie mich
dann mit der Mitteilung, am Genitale einen so heftigen Reiz
verspürt zu haben, daß sie sich nicht enthalten konnte, sich
durch heftigstes Reiben der Vaginalschleimhaut etwas Befriedigung
zu verschaffen. Meine Erklärung, sie habe hiedurch die Bestätigung meiner Behauptung erbracht, daß sie eine infantile a k t i v e
M a s t u r b a t i o n s p e r i o d e durchmachte, konnte sie zwar nicht
unmittelbar annehmen, sie brachte aber bald Einfälle und Träume,
die sie überzeugen konnten. Diese Masturbationsrezidive währte
dann nicht mehr lange. Parallel mit der Rekonstruktion ihres infantilen Abwehrkampfes erlangte sie nach so vielen Mühsalen die
Fähigkeit, im normalen Sexualverkehr Befriedigung zu finden,
was ihr — obzwar ihr Mann ungewöhnlich potent war und mit
ihr schon viele Kinder zeugte — bis dahin versagt blieb. Zugleich
fanden mehrere der noch ungelösten hysterischen Symptome in
den nunmehr manifest gewordenen Genitalphantasien und -erin-
nerungen ihre Erklärung.

Ich war bestrebt, aus der höchst komplizierten Analyse nur
das technisch interessante hervorzuheben und den Weg zu beschreiben, auf dem ich zur Aufstellung einer neuen analytischen
Regel gekommen bin.

Diese lautet: Man muß während der Kur auch an die Möglichkeit der larvierten Onanie und der Onanieäquivalente denken, und wo man deren Anzeichen bemerkt, sie abstellen. Diese scheinbar harmlosen Betätigungen können nämlich sehr gut zu Verstecken der aus ihren unbewußten Besetzungen durch die Analyse aufgescheuchten Libido werden und in extremen Fällen die ganze Sexualbetätigung einer Person ersetzen. Merkt dann der Patient, daß diese Befriedigungsmöglichkeiten dem Analytiker entgehen, so heftet er alle pathogenen Phantasien an diese, verschafft ihnen auf kurzem Wege immer wieder die Abfuhr in die Motilität und erspart sich die mühe- und unlustvolle Arbeit, sie zum Bewußtsein zu bringen.

Diese technische Regel bewährte sich mir seither in mehreren Fällen. Langdauernden Widerständen gegen die Fortsetzung der Arbeit wurde durch ihre Berücksichtigung ein Ende bereitet.

Aufmerksame Leser der psychoanalytischen Literatur werden vielleicht einen Widerspruch zwischen dieser technischen Maßnahme und den Urteilen vieler Psychoanalytiker über die Onanie* konstruieren.

Auch die Patienten, bei denen ich diese Technik anwenden mußte, versäumten es nicht, ihn mir vorzuhalten. — „Sie behaupteten doch", sagten sie, „daß die Onanie ungefährlich ist, und jetzt verbieten Sie sie mir". Es ist nicht schwer, diesen Widerspruch zu lösen. Wir brauchen an unserer Meinung von der relativen Harmlosigkeit, z. B. der Not-Onanie nichts zu ändern und können doch auf der Forderung dieser Art Abstinenz bestehen. Es handelt sich hier nämlich nicht um eine generelle Verurteilung der Selbstbefriedigung, sondern um eine provisorische Maßnahme für die Zwecke und die Dauer der psychoanalytischen Kur. Die günstig beendigte Behandlung macht übrigens diese infantile oder juvenile Befriedigungsart sehr vielen Patienten entbehrlich.

Allerdings nicht allen. Es gibt sogar Fälle, in denen die

* Über Onanie. Diskussion in der Wiener Psychoanalytischen Vereinigung. II. Heft. (Wiesbaden, Bergmann, 1912.)

Patienten während der Kur — wie sie angeben, zum erstenmal in ihrem Leben — dem Drange nach masturbatorischer Befriedigung nachgeben und mit dieser „mutigen Tat" die beginnende günstige Wandlung in ihrer libidinösen Einstellung markieren. Letzteres kann aber nur von der manifesten Onanie mit bewußtem erotischen Phantasietext gelten, nicht aber von den so verschiedenartigen Formen der „larvierten" Onanie und ihrer Aquivalente. Diese sind von vorneherein als pathologisch zu betrachten und bedürfen jedenfalls der analytischen Aufklärung. Diese ist aber, wie wir sehen, nicht anders zu haben, als um den Preis der zumindest vorübergehenden Auflassung der Betätigung selbst, wodurch ihre Erregung auf rein psychische Bahnen und schließlich zum Bewußtseinssystem gelenkt wird. Hat der Patient erst das Bewußtsein seiner Onaniephantasien zu ertragen gelernt, so darf man ihm die Freiheit, darüber zu verfügen, wiedergeben. In den meisten Fällen wird er davon nur im Notfalle Gebrauch machen.

Ich benütze diesen Anlaß um von den larvierten und vikariierenden Onaniebetätigungen noch einiges mitzuteilen. Es gibt viele sonst nicht neurotische Menschen, besonders aber viele Neurastheniker, die sozusagen ihr ganzes Leben lang fast ohne Unterlaß unbewußt onanieren. Sind sie Männer, so halten sie ihre Hände den ganzen Tag in der Hosentasche und man merkt an den Bewegungen der Hände und Finger, daß sie dabei an ihrem Penis zupfen, drücken oder reiben. Sie denken sich dabei eigentlich „nichts Schlimmes", im Gegenteil, sie sind vielleicht in tiefsinnige mathematische, philosophische oder geschäftliche Spekulationen vertieft. Ich meine aber, mit der „Tiefe" ist es hier nicht so weit her. Jene Probleme fesseln allerdings die ganze Aufmerksamkeit, aber die eigentlichen Tiefen des Seelenlebens (die unbewußten) sind inzwischen mit primitiv-erotischen Phantasien beschäftigt und verschaffen sich auf kurzem, gleichsam somnambulem Wege die gewünschte Befriedigung.

Das Herumbohren in den Hosentaschen ersetzen andere durch ein für die Mitmenschen oft sehr lästiges klonisches Zitternlassen

der Wadenmuskulatur, während Frauen, denen die Art ihrer
Kleidung, wie auch die Wohlanständigkeit solche auffällige Bewegungen verbietet, die Beine aneinanderpressen oder überein-
anderschlagen. Besonders während den die Aufmerksamkeit ab-
lenkenden Handarbeiten verschaffen sie sich gern solchen unbewußten „Lustnebengewinn".

Doch auch abgesehen von den psychischen Folgen kann
man dieses unbewußte Onanieren nicht für ganz harmlos erklären.
Obzwar oder gerade weil es hier nie zum vollen Orgasmus kommt,
sondern immer nur zu frustranen Erregungen, können sie sich
am Hervorbringen angstneurotischer Zustände beteiligen. Ich kenne
aber auch Fälle, in denen diese kontinuierliche Reizung durch sehr
häufige, wenn auch minimale Orgasmen (die bei Männern auch von
Prostatorrhoe begleitet sein können) diese Leute am Ende neurasthe-
nisch macht und ihre Potenz beeinträchtigt. Die normale Potenz
besitzt nämlich nur derjenige, der die libidinösen Regungen
längere Zeit hindurch in Latenz erhalten und anhäufen, bei Vor-
handensein entsprechender Sexualziele und Objekte aber kraftvoll
zum Genitale abströmen zu lassen versteht. Dieser Fähigkeit tut
das fortwährende Vergeuden kleiner Libidoquantitäten Abbruch.
(Von der bewußt gewollten periodischen Masturbation gilt dies
nicht in dem Maße.)

Ein zweites Moment, das in unserer Betrachtungsweise früher
geäußerten Ansichten zu widersprechen scheint, ist die Auffassung
der Symptomhandlungen. Wir lernten von Freud, daß
diese Äußerungen der Alltagspsychopathologie als Zeichen verdrängter Phantasien in der Kur verwertbar, also bedeutungsvoll,
sonst aber vollkommen harmlos sind. Nun sehen wir, daß auch
sie von der aus anderen Positionen verdrängten Libido intensiv
besetzt und zu nicht mehr harmlosen Onanieäquivalenten werden
können. Es ergeben sich hier Übergänge von den Symptomhandlungen zu gewissen Formen des Tic convulsif, über den
wir bisher allerdings keine psychoanalytischen Aufklärungen
besitzen. Meine Erwartung geht dahin, daß sich bei der Analyse
viele dieser Tics als stereotypisierte Onanieäquivalente entpuppen

werden. Die merkwürdige Verknüpfung der T i c s mit der K o p r o l a l i e (z. B. bei Unterdrückung der motorischen Äußerungen) wäre dann nichts anderes, als der Einbruch der von den Tics symbolisierten erotischen — meist sadistisch-analen — Phantasien ins Vorbewußte mit krampfhafter Besetzung der ihnen adäquaten Worterinnerungsreste. Die Koprolalie verdankte so einem ähnlichen Mechanismus ihr Entstehen, wie der, mittelst dessen die von uns versuchte Technik gewisse bis dahin in Onanieäquivalenten abgeführte Regungen zum Bewußtsein durchdringen läßt.

Doch kehren wir nach dieser Abschweifung ins Hygienische und Nosologische zu den viel interessanteren technischen und psychologischen Überlegungen zurück, zu denen uns der eingangs mitgeteilte Fall anregen kann.

Ich war in diesem Falle gezwungen, die passive Rolle, die der Psychoanalytiker bei der Kur zu spielen pflegt und die sich auf das Anhören und Deuten der Einfälle des Patienten beschränkt, aufzugeben und durch aktives Eingreifen in das psychische Getriebe des Patienten über tote Punkte der analytischen Arbeit hinwegzuhelfen.

Das Vorbild dieser „a k t i v e n T e c h n i k" verdanken wir F r e u d selbst. In der Analyse von Angsthysterien griff er — wenn es zu ähnlicher Stagnation kam — zum Auskunftsmittel, die Patienten aufzufordern, gerade jene kritischen Situationen aufzusuchen, die bei ihnen Angst auszulösen geeignet sind, nicht etwa, um sie an die ängstlichen Dinge zu „gewöhnen", sondern um falsch verankerte Affekte aus ihren Verbindungen zu lösen. Man erwartet dabei, daß die zunächst ungesättigten Valenzen dieser zum freien Flottieren gebrachten Affekte vor allem die ihnen qualitativ adäquaten und historisch entsprechenden Vorstellungen an sich reißen werden. Auch hier also, wie in unserem Falle, das Unterbinden angewöhnter, unbewußter Ablaufswege der Erregung, und das Erzwingen der vorbewußten Besetzung und bewußten Überbesetzung des Verdrängten.

Seit der Kenntnis der Übertragung und der „aktiven Technik"

können wir sagen, daß der Psychoanalyse außer der Beobachtung und der logischen Folgerung (Deutung) auch das Mittel des Experiments zu Gebote steht. Wie man etwa beim Tierexperiment durch Unterbinden großer arterieller Gefäßbezirke den Blutdruck in entfernten Gebieten heben kann, so können und müssen wir in geeigneten Fällen die unbewußten Abflußwege vor der psychischen Erregung absperren, um durch die so erzielte „Druckerhöhung" der Energie das Überwinden des Zensurwiderstandes und die „ruhende Besetzung" durch höhere psychische Systeme zu erzwingen.

Zum Unterschied von der Suggestion nehmen wir aber dabei auf die neue Stromrichtung keinen Einfluß und lassen uns von unerwarteten Wendungen, die dabei die Analyse nimmt, gern überraschen.

Diese Art „Experimentalpsychologie" ist wie nichts geeignet, uns von der Richtigkeit der Freud'schen psychoanalytischen Neurosenlehre und von der Stichhaltigkeit der auf sie (und auf die Traumdeutung) gegründeten Psychologie zu überzeugen. Insbesondere lernen wir dabei den Wert der Freud'schen Annahme von den einander übergeordneten psychischen Instanzen schätzen und gewöhnen uns daran, mit psychischen Quantitäten wie mit anderen Energiemengen zu rechnen.

Ein Beispiel, wie das hier Mitgeteilte, zeigt uns aber von neuem, daß bei der Hysterie nicht banale „psychische Energien", sondern libidinöse, genauer: genitale Triebkräfte am Werke sind und daß die Symptombildung nachläßt, wenn es gelingt, die abnorm verwendete Libido wieder dem Genitale zuzuführen.

V.

Die Psychoanalyse eines Falles von hysterischer Hypochondrie.

Die Technik der Psychoanalyse bringt es mit sich, daß sich infolge der langwierigen, auf lange Zeiträume verteilten Entwicklung des Heilungs- respektive Lösungsvorganges der allgemeine Eindruck des Falles verwischt und die einzelnen Momente des komplizierten Zusammenhanges nur abwechselnd die Aufmerksamkeit auf sich lenken.

Im Folgenden kann ich aber einen Fall mitteilen, dessen Heilung sich sehr rasch vollzog und bei dem sich das formal wie inhaltlich sehr abwechslungsreiche und interessante Krankheitsbild gleich einer kinematographischen Bilderserie, eigentlich ohne Pausen, stürmisch entfaltete.

Die Patientin, eine hübsche junge Ausländerin, wurde von ihren Angehörigen meiner Behandlung zugeführt, nachdem vorher verschiedene andere Heilmethoden versucht wurden. Sie machte einen sehr ungünstigen Eindruck. Als hervorstechendstes Symptom war an ihr sehr starke A n g s t zu konstatieren. Ohne eigentlich agoraphobisch zu sein, konnte sie seit Monaten keinen Moment ohne Begleitung existieren; ließ man sie allein, so traten heftigste Angstanfälle ein, und zwar auch bei Nacht, wo sie ihren Mann oder die jeweilig neben ihr schlafende Person wecken und ihr von ihren ängstlichen Vorstellungen und Gefühlen stundenlang erzählen mußte. Ihre Klagen setzen sich aus hypochondrischen Körpersensationen und der damit assoziierten Todesangst zusammen. Sie fühlt etwas in der Kehle, „Punkte" kommen ihr

aus der Kopfhaut heraus; (diese Empfindungen zwingen sie sich
fortwährend· die Kehle und die Gesichtshaut zu betasten); die
Ohren wachsen. ihr in die Länge, der Kopf geht ihr vorne auseinander, ihr Herz klopft usw. In jeder solchen Empfindung —
deretwegen sie sich fortwährend beobachtet — sieht sie ein Anzeichen ihres nahenden Todes; sie denkt auch an Selbstmord.
Ihr Vater sei an Arteriosklerose gestorben, das stehe nun auch
ihr bevor. Auch sie wird (wie der. Vater) verrückt werden und
im Sanatorium für Geisteskranke sterben müssen. — Daraus, daß
ich bei der ersten Untersuchung ihren Rachen auf eventuelle
An- oder Hyperaesthesie explorierte, machte sie gleich ein neues
Symptom: sie mußte immer vor dem Spiegel stehen und suchte
Veränderungen an ihrer Zunge. — Die ersten Stunden verliefen
mit fortwährendem, monotonem Jammern über diese Sensationen
und ließen mir die Symptome des Falles als unbeeinflußbare hypochondrische Wahngebilde erscheinen, besonders da mir einige
solche Fälle noch frisch in Erinnerung standen.

Nach einiger Zeit scheint sie sich aber darin etwas erschöpft
zu haben, wohl auch darum, daß ich sie weder zu beruhigen
noch auch sonst zu beeinflußen suchte, sondern ungestört
ihre Klagen hersagen ließ. Es zeigten sich auch leise Anzeichen
der Übertragung: sie fühlte sich nach der Stunde ruhiger,
erwartete unruhig den Beginn der nächsten Stunde usw. Sie
begriff dann sehr rasch, wie sie „frei assoziieren" soll, diese
Assoziation schlug aber schon beim ersten Versuch in ein
dementes, sehr leidenschaftliches und theatralisches Sichgebärden
um. „Ich bin N. N. Großfabrikant" (und nannte dabei den Namen
ihres Vaters mit sichtlich gesteigertem Selbstbewußtsein). Sie
gebärdete sich dann tatsächlich, als wäre sie der Vater, der im
Hofe und Geschäfte Befehle erteilt, flucht (und zwar ziemlich
derb und ohne Scham, wie das in jener Provinz schon üblich
ist); dann wiederholte sie Szenen, die der Vater als Irrsinniger
vor seiner Internierung aufführte usw. — Am Ende der Stunde
orientierte sie sich aber ganz gut, nahm artig Abschied und ließ
sich schön nach Hause begleiten.

Die folgende Stunde begann sie mit der Fortsetzung der obigen Szene, wobei sie besonders oft wiederholte: „Ich bin N. N. (der Vater). Ich habe einen Penis." Zwischendurch erzählte sie eine Infantilszene, bei der sie eine häßliche Amme mit dem Irrigator bedrohte, weil sie nicht spontan Stuhl absetzen wollte. Die nun folgenden Stunden waren abwechselnd von den hypochondrischen Klagen, den Irrsinnszenen des Vaters und bald auch von leidenschaftlichen Übertragungsphantasien erfüllt. Sie verlangte — in derb bäurischen Ausdrücken — sexuell befriedigt zu werden und schimpfte auf ihren Mann, der das nicht recht kann (was aber den Tatsachen nicht entsprach). Ihr Mann erzählte mir dann, daß die Patientin von dieser Zeit an auch de facto nach Befriedigung verlangte, während sie sich seit längerer Zeit ablehnend verhielt.

Nach diesen Entladungen beruhigte sich einigermaßen ihre manische Exaltation und wir kamen in die Lage, die Vorgeschichte des Falles zu studieren. Sie erzählte vom Erkrankungsanlasse. Der Krieg brach aus, ihr Mann wurde einberufen, sie mußte ihn im Geschäfte vertreten; das konnte sie aber nicht ordentlich, da sie fortwährend an ihre ältere Tochter (die etwa 6 Jahre alt war) denken mußte und die Idee hatte: es könnte ihr zu Hause etwas geschehen. Sie mußte also fortwährend nach Hause laufen, um nachzusehen. Diese ältere Tochter kam nämlich mit Rhachischisis und sakraler Meningokele zur Welt, die operiert wurde, so daß die Kleine am Leben blieb, ihre Unterextremitäten und ihre Blase aber unheilbar gelähmt waren. Sie kann nur auf allen Vieren am Boden herumrutschen und muß wegen der Inkontinenz „wohl hundertmal täglich" ins Reine gebracht werden. „Das macht aber nichts, ich liebe sie tausendmal mehr als die zweitgeborene (die gesunde!) Tochter." Es wurde auch von der ganzen Umgebung bestätigt, daß die Patientin dieses kranke Kind auch auf Kosten des zweiten, gesunden verzärtelt; sie will auch nicht zugeben, daß man wegen der Kranken unglücklich sein darf; sie ist ja so gut, so klug, so schön im Gesicht.

Es war mir recht bald offenbar, daß dies eine ungeheure

Verdrängungsleistung seitens der Patientin war; daß sie in Wirklichkeit den Tod dieses ihres Unglückskindes unbewußt herbeisehnte und wegen dieser Vorbelastung den vom Krieg erforderten neuen Anstrengungen nicht gewachsen war. Sie flüchtete also in die Krankheit.

Nach schonender Vorbereitung teilte ich ihr diese Auffassung über ihre Erkrankung mit, worauf ihr — nach vergeblichen Versuchen sich nochmals in die Verrücktheit oder in die Übertragungsleidenschaft zu stürzen — allmählig gelang, sich den großen Schmerz und die Beschämung, die ihr die Krüppelhaftigkeit ihres Kindes verursachten, einigermaßen bewußt zu machen.

Ich griff nun zu einem Mittel- der „aktiven Technik"*. Ich schickte die Patientin für einen Tag nach Hause, damit sie Gelegenheit hat, die Gefühle, die ihr die Kinder einflößen, mit Hilfe der neugewonnenen Aufklärungen zu revidieren. Zu Hause ergab sie sich nun wieder leidenschaftlich der Liebe und Pflege des kranken Kindes und sagte dann triumphierend in der darauffolgenden Stunde: „Sehen Sie, alles ist nicht wahr! Ich liebe doch nur meine Älteste!" etc. Doch schon in derselben Stunde mußte sie sich unter heftigem Weinen dessen Gegenteil eingestehen; ihrem impulsiv-leidenschaftlichen Wesen entsprechend, kamen ihr nämlich plötzliche Zwangseinfälle, in denen sie dieses Kind erdrosselte, aufhängte etc. oder es verfluchte „Gottes Blitz soll in dich hineinschlagen". (Dieser Fluch war ihr aus dem Folklore ihrer Heimat geläufig.)

Die weitere Fortsetzung der Kur ging auf dem Wege der Übertragungsliebe. Die Patientin zeigte sich ernstlich verletzt über die rein medizinische Behandlung ihres wiederholten Liebesantrages und wies dabei unwillkürlich auf ihren außerordentlich starken Narzißmus hin. Einige Stunden verloren wir mit dem Widerstande, den diese Verletzung ihrer Eitelkeit und Eigenliebe hervorrief, doch bot dies uns die Gelegenheit zur Reproduktion ähnlicher „Beleidigungen", an denen ihr Leben überaus reich war. Ich

---

* Siehe „Technische Schwierigkeiten einer Hysterie-Analyse", S. 49.

konnte ihr nachweisen, daß sie jedesmal, wenn sich eine ihrer zahlreichen Schwestern verlobte (sie war die jüngste unter ihnen), sich über die Hintansetzung ihrer Person verletzt fühlte. Ihre Eifer- und Rachsucht ging so weit, daß sie eine Verwandte, die sie mit einem jungen Manne ertappte, aus purem Neid verklagte. — Trotz ihrer anscheinenden Reserviertheit und ihres Insichgekehrtseins war sie sehr selbstbewußt und hatte von den eigenen körperlichen und geistigen Eigenschaften eine hohe Meinung. Um sich vor der Gefahr ihr allzu schmerzlicher Enttäuschungen zu schützen, zog sie es vor, trotzig abseits zu bleiben, wo es sich um eine Konkurrenz mit anderen Mädchen handelte. Nun verstand ich auch die merkwürdige Phantasie, die sie in einer ihrer pseudo-dementen Anwandlungen äußerte: sie stellte sich wieder einmal als den (irrsinnigen) Vater vor und behauptete, m i t s i c h s e l b e r den Geschlechtsverkehr ausführen zu wollen.

Auch die Krankheit ihres Kindes wirkte nur infolge der — recht verständlichen — I d e n t i f i z i e r u n g so überstark auf sie, die übrigens schon früher einmal einige empfindliche Verletzungen ihrer eigenen körperlichen Integrität auszustehen hatte. Auch sie kam mit einem Körperfehler zur Welt: sie schielte und wurde in der Jugend einer Schieloperation unterzogen, vor der sie die heftigste Angst zu überstehen hatte und fast wahnsinnig wurde beim Gedanken, sie könnte erblinden.

Wegen dieses Schielens war sie übrigens schon in ihrer Kindheit der Gegenstand des Spottes ihrer Gespielen und Gespielinnen.

Allmählich kamen wir auch zur Deutung der einzelnen hypochondrischen Empfindungen. Jenes Gefühl in der Kehle war der Ersatz für den Wunsch, ihre schöne Altstimme hören und bewundern zu lassen. Die „Punkte", die aus der Kopfhaut „herauskamen", war kleines Ungeziefer, das einmal — zu ihrer großen Beschämung — auf ihrem Kopfe entdeckt wurde; die „Verlängerung der Ohren" ging darauf zurück, daß sie einmal in der Schule vom Lehrer ein „Esel" geschimpft wurde usw.

Die fernste Deckerinnerung, bis zu der wir vordringen konnten,

war die mutuelle Exhibition, die sich zwischen ihr und einem
gleichalterigen Knaben am Dachboden ihres Hauses abspielte
und ich stehe nicht an, hinter dieser Szene das stärkste der die
Patientin getroffenen Eindrücke zu vermuten. Der Penis-Neid,
der sich dabei in ihr fixierte, war es wohl, das sie zur merk-
würdig gelungenen Identifizierung mit dem Vater in ihren Delirien
befähigte. („Ich habe einen Penis" etc.) — In letzter Linie darf
man also nicht so sehr die angeborene Abnormität ihrer Erstgeborenen als Krankheitsursache betrachten, als vielmehr die Tatsache,
daß ihr kein Knabe, sondern zwei Mädchen (Wesen ohne Penis,
die nicht — wie die Knaben — ordentlich urinieren können)
geboren wurde. Daher wohl auch die unbewußte Abscheu vor der
Inkontinenz ihrer kranken Tochter. Es scheint übrigens auch, daß
die Krankheit ihrer Erstgeborenen erst dann stärker auf sie ein-
zuwirken begann, als sich auch das zweite Kind als Mädchen
entpuppte.

Von einem zweiten Urlaub in die Heimat kehrte die Patientin
ganz verändert zurück. Sie versöhnte sich mit der Idee, daß sie
die jüngere lieber hat, daß ihr der Tod der kranken Tochter erwünscht ist usw., sie hörte auf über hypochondrische Sensationen
zu klagen und befaßte sich mit dem Plane, bald endgültig nach
Hause zu gehen. Hinter dieser plötzlichen Besserung entdeckte
ich aber auch den Widerstand gegen die Beendigung der Kur.
Aus der Analyse ihrer Träume mußte ich auf paranoides Mißtrauen
gegen die Ehrlichkeit des Arztes schließen; sie glaubte, daß ich
die Kur in die Länge ziehen will, um ihr mehr Geld abzunehmen.
— Ich versuchte von hier aus den Zugang zu ihrer mit dem
Narzißmus verknüpften Analerotik zu finden (s. die infantile
„Irrigator-Angst"), dies gelang mir aber nur zum Teil. Die
Patientin zog es vor, einen Rest ihrer neurotischen Eigenheiten
zu bewahren und ging — praktisch wohl geheilt — nach Hause.*

---

* Hier noch einige Ergebnisse: Die Zwangsempfindung „Der Kopf
geht vorn auseinander" war der Ausdruck einer „nach oben" verlegten
Schwangerschaftssehnsucht. Sie wünschte sich neue Kinder (Knaben) an Stelle
der vorhandenen (der Kranken und des anderen Mädchens). „Es gibt wieder

Abgesehen vom ungewöhnlich raschen Krankheitsablauf bietet uns die Epikrise dieses Falles noch manches Interessante. Wir haben es hier mit einem Gemenge von rein hypochondrischen und von hysterischen Symptomen zu tun, dabei schillerte das Krankheitsbild am Beginne der Analyse ins Schizophrene, gegen das Ende, wenn auch nur spurweise, ins Paranoische hinüber.

Bemerkenswert ist der Mechanismus einzelner hypochondrischer Paraesthesien. Sie beruhen ursprünglich auf der narzißtischen Bevorzugung des eigenen Körpers, wurden aber dann — etwa nach Art des „körperlichen Entgegenkommens" — zu Ausdrucksmitteln hysterischer (ideogener) Vorgänge (z. B. das Gefühl der Verlängerung der Ohren zum Erinnerungsmerkmal eines erlittenen psychischen Traumas.)

Man wird so auf noch ungeklärte Probleme der organischen Grundlagen der Konversionshysterie und der Hypochondrie aufmerksam. Es hat den Anschein, als ob dieselbe Organ-Libidostauung* — je nach der Sexualkonstitution der Kranken — einen rein hypochondrischen oder aber einen konversionshysterischen „Überbau" bekommen könnte. In unserem Falle handelte es sich anscheinend um die Kombination beider Möglichkeiten und die hysterische Seite der Neurose ermöglichte die Übertragung und die psychoanalytische Abtragung der hypochondrischen Sensationen.

---

nichts Neues!" — pflegte sie auf die Stirne deutend immer zu wiederholen; auch dies gehörte zum Schwangerschaftskomplex. Die Patientin hatte zweimal — nicht ganz zufällig — abortiert und bedauerte das unbewußt. — Das Herzklopfen war die Reminiszenz libidinöser Anwandlungen bei Begegnung mit sympathischen jungen Leuten, die ihr potent vorkamen. (Potent sein, hieß bei ihr: Knaben und überhaupt gesunde Kinder zeugen können.) Die „Punkte", die herauskommen, waren überdeterminiert. Sie bedeuteten nicht nur Ungeziefer, sondern (wie so häufig) auch kleine Kinder. — Zwei charakteristische Träume: 1. Sie sieht aufgehängte Säcke (Geldsäcke?). (Deutung: Wenn sie einsieht, daß sie ihr Kind aufhängen will, kann sie sich das weitere Honorar ersparen.) 2. Eine Schwester tanzt cake-walk; der Vater ist auch dabei. (Reproduktion der Brautnacht, bei der sie durch die Idee, daß der Vater in der Anstalt ist, am Genuß gestört war.)
* Siehe den Aufsatz „Über Pathoneurosen".

Wo diese Abfuhrmöglichkeit nicht besteht, bleibt der Hypochonder
unzugänglich und verbohrt sich — oft auch wahnhaft — in die
Empfindung und Beobachtung seiner Paraesthesien.

Die reine Hypochondrie ist unheilbar; nur wo — wie auch
hier — übertragungsneurotische Beimengungen vorhanden sind,
kann man die psychotherapeutische Beeinflußung mit Aussicht
auf Erfolg versuchen.

VI.

Über zwei Typen der Kriegshysterie.*

Fern liegt mir die Absicht, über das wichtige Thema der Kriegsneurosen nach verhältnismäßig so kurzem Studium Abschließendes zu sagen. Ich leite die Nervenkrankenabteilung dieses Spitals erst seit zwei Monaten und hatte etwa zweihundert Fälle unter meiner Beobachtung. Diese Zahl ist zu hoch, die Beobachtungszeit zu kurz gewesen; hat uns doch die Psychoanalyse gelehrt, daß in der Neurosenlehre nicht von der statistischen Bearbeitung vieler, sondern von der vertieften Erforschung einzelner Fälle Fortschritte zu erwarten sind. Diese Mitteilungen wollen also als vorläufige gelten und nur die Eindrücke wiedergeben, die ein Psychoanalytiker bei der Massenbeobachtung von Kriegsneurosen empfängt.

Der erste Eindruck, den der mit Kriegsneurotikern gefüllte Krankensaal auf mich machte, war ein verwirrender, und wenn Sie einen Blick auf die vor Ihnen stehende, sitzende und liegende Krankengruppe werfen, werden wohl auch Sie diesen Eindruck teilen müssen. Sie sehen hier etwa fünfzig Kranke vor sich, die fast alle den Eindruck von Schwerkranken, wenn nicht von Krüppeln machen. Viele sind außer stande, den Ort zu wechseln, bei den meisten ruft der Versuch des Ortswechsels ein so heftiges Zittern der Knie und der Füße hervor, daß meine Stimme das Geräusch, das die beschuhten zitternden Füße verursachen, kaum übertönen kann.

---

* Nach einem Vortrag, gehalten in einer wissenschaftlichen Versammlung von Spitalsärzten in Budapest 1916.

Bei den meisten zittern, wie gesagt, nur die Füße, doch gibt
es einzelne, bei denen — wie Sie sehen — jede Intention der
ganzen Körpermuskulatur von Zittern begleitet ist. Am auffälligsten
ist der Gang der Zitterer; er macht den Eindruck der spastischen
Parese; aber die wechselnde Mischung von Zittern, Starre und
Schwäche bringt ganz eigenartige, vielleicht nur kinematographisch
reproduzierbare Gangarten zustande. Die Mehrzahl der Patienten
gibt an, daß sie nach einer in ihrer Nähe erfolgten Granatexplosion
erkrankten, eine ziemlich große Minderzahl beschuldigt heftige
und plötzliche Erkältung (Sturz in eiskaltes Wasser, Durchnäßt-
werden im Freien) als Krankheitsursache, die übrigen erlitten
Unfälle anderer Art oder erkrankten angeblich nur durch Über-
anstrengung im Felde. Die von der Granatexplosion Erschütterten
reden vom „Luftdruck", der sie umgeworfen hätte, andere sind
von Erdmassen, die das explodierende Geschoß aufwühlte, zum
Teil verschüttet worden.

Die Übereinstimmung der Krankheitssymptome und -ursachen
bei so vielen Kranken hätte hier wohl jedem die Annahme einer
organischen Hirn- oder Rückenmarksschädigung nahegelegt. Auch
ich hatte zunächst den Eindruck, daß dieses sonderbare, bisher
in der Pathologie unbekannte Symptomkomplex auf irgend welche
organischen Veränderungen des Zentralnervensystems, auf zentrale
Lähmung und Reizung zurückzuführen sein wird, die wir bisher
nur darum nie beobachten konnten, weil Erschütterungen, wie
sie dieser Krieg die Soldaten erleben läßt, im Frieden nicht vor-
gekommen sind. Diese Eventualität ließ ich lange nicht fallen,
auch dann nicht ganz, als ich mich durch die Untersuchung der
einzelnen Fälle überzeugen konnte, daß hier die bei zentralen
organischen Läsionen nie fehlenden Symptome, insbesondere die
Zeichen einer Läsion der Pyramidenbahn (spastische Kniereflexe,
Babinski'sches Zeichen, Fußklonus) nicht vorhanden sind.* Dann
mußte ich mir aber sagen, daß nicht nur das Fehlen dieser
Charakteristika, sondern auch das Gesamtbild der einzelnen Fälle,

---

* Ich sehe von der Berücksichtigung von Fällen, in denen das Krankheitsbild durch organische Herdsymptome kompliziert war, grundsätzlich ab.

besonders die ungemein variablen und ungewöhnlichen Innervationsstörungen als starke Argumente gegen eine organische, auch nur
„molekulare" oder „mikroorganische" Veränderung des Nerven-
gewebes ins Gewicht fallen.

Der Eindruck der Sonderbarkeit und Unbekanntheit zerteilte
sich erst, als ich eine kleinere Gruppe von Kranken, bei denen
nicht der ganze Körper, sondern nur einzelne Körperteile von
der Krankheit befallen schienen, einer näheren Untersuchung
unterzog. Das Verständnis dieser m o n o s y m p t o m a t i s c h e n
Fälle ermöglichte erst die richtige nosologische Einordnung der
ganzen Krankheitsgruppe.

Hier sehen sie zwei Kranke. Bei beiden ist — nebst der
nicht sehr ausgesprochenen Gehstörung (von deren Beschreibung
ich jetzt absehe) — das fortwährende oszillierende Z i t t e r n
d e s K o p f e s auffällig, verursacht durch die alternierende rhyth-
mische Kontraktion der Halsmuskeln. Dieser dritte Kranke hält
seinen r e c h t e n A r m i n s t u m p f w i n k l i g e r K o n t r a k t u r
des Ellbogengelenkes; diese Extremität ist zu aktiver Bewegung
anscheinend unfähig, der Versuch jeder aktiven oder passiven
Bewegung ruft in der Muskulatur des Armes heftigstes Zittern,
dabei gesteigerte Pulsfrequenz hervor. Die Schmerzempfindlichkeit
des Armes ist herabgesetzt, die Hand ist zyanotisch. Weder in
der Gesichtsmuskulatur noch in der Unterextremität sind
Spuren einer Parese nachweisbar. Strengt sich der Kranke s e h r
an, so kann er die steife Haltung unter heftigstem Zittern einigermaßen verändern. Diesem sehr ähnlich ist der Fall dieses anderen
Patienten, nur daß dessen rechter A r m i m E l l b o g e n s p i t z-
w i n k e l i g k o n t r a k t u r i e r t u n d d e r O b e r a r m s p a s t i s c h
a n d e n B r u s t k o r b a n g e d r ü c k t erscheint. Bei einem
anderen Kranken zeigt sich das Symptom in der Schulter-
gegend. Sie sehen die l i n k e S c h u l t e r d a u e r n d h o c h-
g e h o b e n, nebst dem zeitweise ticartigem Zucken dieser Schulter.

Da sitzt ein Kranker, vollkommen ruhig; bei der Aufforderung
aufzustehen, treten am l i n k e n F u ß — und nur am linken —
heftige klonische Zuckungen auf. Nach der Entkleidung stellt sich

als einziges Krankheitssymptom ein Dauerkrampf in der Muskulatur der linken Wade, gleichsam ein perpetuierter Crampus heraus. Erst beim Versuch, die Spitzfußstellung aktiv oder passiv zu verändern (Aufstehen), kommt es zu den klonischen Zuckungen, die aber nicht den Charakter eines typischen „Fußklonus" haben (auch fehlen alle Symptome der Pyramidenläsion). Die Fortdauer des Krampfes ließ sich wochenlang beobachten, ein Nachlaß dessen war (im Wachen) niemals festzustellen. Dieser andere Kranke hat Kontraktur und Zittern beider rechten Extremitäten, die linke Körperhälfte blieb verschont.

Die genauere Anamnese dieser Fälle und deren Verhältnis zu den Einzelsymptomen läßt sie nun mit Sicherheit als „funktionale" — richtiger: als Psychoneurosen erkennen. Fragen wir z. B. diesen Mann mit Halbseitenkontraktur (der linken Körperhälfte), wie er zu seinem Leiden gekommen ist, so sagt er uns, daß links von ihm eine Granate einschlug und explodierte, so daß er vom „Luftdruck" links getroffen wurde. — Hätte nun der Luftdruck wirklich eine organische Veränderung im Gehirn des Soldaten verursacht, so hätte diese (wenn wir vom Fall des Contre-Coup absehen) die linke Gehirnhälfte zumindest stärker betroffen, die Symptome müßten aber dann auf der kontralateralen (rechten) Seite, die hier ganz verschont ist, gewiß ausgesprochener sein. Die Annahme, daß es sich um einen psychogenen Zustand, um die traumatische Fixierung des psychischen Akzents an eine Körperstelle, d. h. um Hysterie handelt, ist viel plausibler.

Diese Plausibilität wird zur Gewißheit, wenn wir die Anamnese aller soeben vorgestellten Fälle berücksichtigen. Der Mann, dessen rechter Arm stumpfwinkelig kontrakturiert ist, erlitt die Granatenerschütterung, als er eben — das Gewehr in der „Balance-Stellung" — vorrückte. Diese Stellung entspricht aber vollkommen jener, die durch die Kontraktur nachgeahmt wird. Der andere, der die Schulter an die Seite gedrückt und den Ellbogen spitzwinkelig fixiert hat, perpetuiert gleichfalls die Situation, in der ihn die Explosion traf; er lag damals, legte das Gewehr an und zielte, — dazu mußte er aber den Arm an die Seite drücken und den Ellbogen spitzwinklig beugen. In diesen Fällen sind organisch-zentrale Herde als Folgen der Kommotion auszuschließen. Es ist unvorstellbar, daß eine zerebrale Läsion in verhältnismäßig so vielen Fällen die Zentren gerade der Muskeln angreifen könnte, die im Moment des Traumas in Aktion gewesen sind. Viel näher liegt die Annahme, daß es sich in diesen Fällen um eine Fixierung der im Moment der Erschütterung (des Erschreckens) gerade vorherrschenden Innervation handelt. Der Patient mit der halbseitigen Kontraktur setzt die — wahrscheinlich als Fluchtreflex zu deutende — Innervation der zunächst bedrohten Körperhälfte unausgesetzt fort. Die beiden anderen perseverieren in der unmittelbar vor der Erschütterung innegehabten Stellung der Arme. („Indiebalance"-Stellung, Schießstellung.) Für die Richtigkeit dieser Auffassung kann ich eine bekannte Tatsache aus dem Alltagsleben und eine weniger bekannte aus der Psychoanalyse anführen. Bei plötzlichem Schreck kann man oft beobachten, daß einem die Füße in der zufällig eingenommenen Stellung „festwurzeln", ja, daß die gerade vorherrschende Innervation des ganzen Körpers — der Arme, der Gesichtsmuskeln — eine ganze Weile starr fixiert bleibt. Die Schauspieler kennen diese „Ausdrucksbewegung" und verwerten sie mit Erfolg zur Darstellung des Schreckaffekts.

Es gibt aber eine, als solche weniger bekannte Abart der Ausdrucksbewegungen. Seit Breuer und Freud wissen wir, daß das Wesen der hysterischen Reiz- und Lähmungserscheinungen eigentlich in der dauernden Umwandlung, in der Konversion eines Affekts in eine Körperinnervation besteht. Die Psychoanalyse kann jeden solchen Fall von „Konversionshysterie" auf ein oder mehrere Affekterlebnisse zurückführen, die zwar selbst unbewußt oder „vergessen" (wie wir heute sagen: verdrängt) bleiben, aber ihre Energie gewissen mit jenen Erlebnissen gedanklich assoziierten körperlichen Vorgängen leihen, die gleichsam als Gedenksteine der in der Tiefe begrabenen Erinnerungen — starr

und unabänderlich wie so ein Denkmal — in die Gegenwart
hineinragen. Es ist nicht hier der Ort, auf die Bedingungen einzugehen, die nebst den beschriebenen psychischen Trauma
gegeben sein müssen, damit das Symptombild einer Konversionshysterie zustandekommt (Sexualkonstitution); es genügt festzustellen, daß die soeben vorgestellten Fälle der Kriegsneurose auf Grund ihrer Anamnese als Konversionshysterien im Sinne Breuers und Freuds aufzufassen sind.
Der plötzliche, psychisch nicht zu bewältigende Affekt (der Schreck)
setzt auch hier das Trauma; die im traumatischen Moment
gerade herrschenden Innervationen, die als Krankheitssymptome
dauernd festgehalten werden, sind die Anzeichen davon, daß im
unbewußten Seelenleben noch immer unerledigte Teile jener Affekt-
regung am Werke sind. Mit anderen Worten: Ein solcher Patient
hat sich von jenem Schreck immer noch nicht erholt, auch wenn
er daran bewußt gar nicht mehr denkt, ja zeitweise lustig und
gut gelaunt ist, als wäre seine Seele von keiner so schrecklichen
Erinnerung geplagt.

Nach diesen Überlegungen hat es mich nicht mehr über-
rascht und wird auch Sie nicht überraschen, daß auch die
übrigen hier vorgestellten „monosymptomatischen" Fälle durch
die eingehendere Erhebung der Anamnese verständlich wurden.
Dieser Soldat mit der Dauerkontraktur der linken Wade erzählt,
daß er eben behutsam von einem steilen Berge in Serbien ab-
stieg und den linken Fuß nach unten vorstreckte,
um eine Stütze zu suchen, als er, durch die Explosion erschüttert,
hinunterkollerte. Also auch hier ein „Starrwenden" vor Schreck
in der gerade eingehaltenen Körperstellung. Von den zwei
Kranken mit Zittern des Kopfes erzählt der eine, daß er im
kritischen Moment den Kopf an die Wand der Deckung anschlug,
der andere, daß er, als er das charakteristische Pfeifen der
nahenden Granate hörte, „sich duckte". Der Patient mit dem
fortwährenden Zucken der linken Schulter erlitt bei der Explosion
eine leichte Verwundung an der jetzt „spasmophilen"
Körperstelle. (Die Narbe ist nachweisbar.)

Die ersten dieser anamnestischen Daten erhielt ich von den Patienten, ohne daß mir oder ihnen ihre Bedeutung bei der Symptombildung bekannt gewesen wäre, so daß suggestive Fragen meinerseits ausgeschlossen waren. Später allerdings lenkte ich die Aufmerksamkeit der Patienten absichtlich auf die Umstände ihrer Erschütterung, ohne es erkennen zu lassen, welche Bedeutung ich ihrer Antwort beimesse.

Ich bin darauf gefaßt, daß von Ihnen ein Einwand gegen diese Erklärungsversuche erhoben werden wird. Sie werden sagen, der Patient könne sich in jenem kritischen Moment die wirkliche Situation nicht so gut gemerkt haben, diese anamnestischen Daten seien also vielleicht nur nachträgliche Erklärungsversuche des Patienten selbst, denen wir einfach „aufgesessen" sind.

Hierauf ist folgendes zu erwidern: Sicher war der Soldat unmittelbar v o r der Erschütterung bei vollem Bewußtsein; er kann auch der nahenden Gefahr gewärtig gewesen sein (dies wird von vielen, die trotz der Explosionsnähe gesund geblieben sind, zugegeben). Er mag dann im Moment der Erschütterung selbst sein Bewußtsein verloren und später sogar eine retroaktive Amnesie entwickelt haben: die Gedächtnisspur der Situation vor der Erschütterung war einmal gesetzt und konnte dann — aus dem Unbewußten — die Symptombildung beeinflussen. Der Verdacht einer. „Irreführung" durch den Patienten aber und das Mißtrauen gegen seine Angaben, dies waren die Ursachen der bis vor kurzem herrschenden tiefen Unwissenheit der Ärzte in bezug auf alle Fragen der Neurosenpsychologie. Erst seitdem B r e u e r, dann besonders F r e u d die Nervösen a n z u h ö r e n begannen, fanden sie den Zugang zum geheimen Mechanismus ihrer Symptome. Selbst im Falle, daß die Patienten die Situation bei der Erschütterung nachträglich erfunden haben, mag dieses „Erfinden" von den unbewußt gewordenen Gedächtnisspuren des wirklichen Herganges bestimmt worden sein.

Ob in diesen Fällen nebst dem Trauma auch irgend ein „körperliches Entgegenkommen" als dispositionelles Moment mitgewirkt hat, ließe sich nur durch eine regelrechte Psychoanalyse der Einzelfälle ausschließen. Es ist aber ganz gut denkbar, daß die im Moment der Erschütterung gerade aktive Innervation an und für sich einen „dispositionellen Faktor", „ein körperliches Entgegenkommen" abgibt und die Fixierung der affektiven Erregung (die wir ob ihrer Stärke als bewußtseinsunfähig denken müssen) gerade an der innervierten Körperstelle verursacht. Solche „Affektverschiebungen" auf eine indifferente, aber im kritischen Moment gerade gangbare Körperinnervation sind uns aus der Psychoanalyse der Konversionshysterie wohlbekannt.

Ich bin leider nicht in der Lage, diese Einzelheiten mit der Psychoanalyse der Fälle zu bekräftigen, muß mich also darauf beschränken, auf Grund der anamnestischen Daten, allein diese „monosymptomatischen" Kriegsneurosen in die Gruppe der Konversionshysterien einzureihen.

Wenden wir uns nun der zweiten, wie sie sehen, viel größeren Gruppe von Kranken, denen mit allgemeinem Zittern und mit Gehstörungen, zu. Auch hier müssen wir von dem spezialisierteren Symptom, von der Gehstörung, ausgehen, wenn wir das Gesamtbild verstehen wollen. Sehen sie sich z. B. diesen ruhig daliegenden Patienten an; sobald er aufzustehen versucht, fangen seine Unterextremitäten in den Fuß- und Kniegelenken zu zittern an, das Zittern steigert sich immer mehr, seine Elongationen werden immer größer, bis schließlich das statische Gleichgewicht des Körpers so stark gestört ist, daß der Patient hinfiele, finge man ihn nicht auf; setzt oder legt er sich, so hört der Tremor sofort von selbst auf. (Ich wiederhole: organische Krankheitszeichen fehlen vollkommen.) Dieser andere kann, auf zwei Stöcke gestützt, gehen, doch ist sein Gang unsicher und wir hören beim Aufsetzen des rechten Fußes ein Doppelgeräusch; seine rechte Ferse berührt den Fußboden bei jedem Schritt zweimal, bevor sich der Kranke getraut, sich ganz auf sie zu stützen. Ein dritter geht wie ein Tabiker breitspurig, der vierte neben ihm, als wäre er vollkommen ataktisch — und doch ist bei ihnen in liegender Stellung keine Spur einer wirklichen Ataxie, geschweige denn einer Rückenmarkskrankheit nachzuweisen.

Die Gangart zweier der hier vorgestellten Kranken wird man am besten als „Stechschritt" bezeichnen können; sie heben die Beine ohne Kniebeuge und lassen sie mit starkem Geräusch niederfallen. Am schwersten ist wohl dieser andere hier befallen, beim Gehversuch artet bei ihm das Intentionszittern in generalisierte Krämpfe der ganzen Körpermuskulatur aus, auf deren Höhe auch das Bewußtsein gestört ist.

Dieses letztere Symptom mahnt uns, auch den Begleiterscheinungen der Gehstörung größere Beachtung zu schenken. Ausnahmslos bei allen diesen Kranken tritt beim Gehversuch oder beim Versuch, ohne Stütze zu gehen, heftiges Herzklopfen und Steigerung der Pulsfrequenz auf; die meisten schwitzen stark, besonders von der Achselhöhle, auch von der Stirn, die Gesichtszüge drücken Angst aus. — Beobachten wir sie genauer, so erfahren wir, daß bei ihnen außer der Gehstörung auch Dauersymptome vorhanden sind. Fast alle Sinne sind überempfindlich,* bei den meisten ist besonders das Gehör, doch auch das Gesicht empfindlich. Infolge dieser Hyperakusis und Photophobie sind sie dann sehr schreckhaft; die meisten klagen über allzu leisen Schlaf, der von ängstlichen, schreckhaften Träumen gestört ist. Die Träume wiederholen meist- die im Felde erlebte gefährliche Situation. Fast alle klagen überdies über ihre ganz gelähmte oder sehr stark herabgesetzte Sexuallibido und Potenz.

Bevor wir uns entschließen, dieses Symptombild diagnostisch zu klassifizieren, müssen wir auch hier, wie früher bei den „monosymptomatischen" Fällen, die Anamnese genauer berücksichtigen. Die meisten geben an, vom „Granatdruck" berührt, einige auch, von Erde verschüttet worden zu sein. Sie verloren das Bewußtsein sofort und kamen erst in einer Sanitätsanstalt hinter der Linie zu sich. Dann waren sie tage-, meist wochenlang — einzelne ein bis zwei Monate lang — vollkommen „gelähmt". Das Zittern trat bei den ersten Gehver-

---

* Die Berührungsempfindlichkeit ist manchmal so groß, daß die Untersuchung der Kniereflexe die heftigsten Abwehrbewegungen hervorruft.

s u c h e n   a u f, nachdem die Bewegungsfähigkeit im Bett längst hergestellt war und anscheinend keine Lähmungserscheinungen mehr bestanden. In einzelnen Fällen diente der Soldat nach der Granaterschütterung weiter und erkrankte später bei einem ganz geringfügigen — rein psychischen — Schreck. Dieser Freiwillige z. B. wurde am Tage nach einer Granaterschütterung bei Nacht auf Vorposten geschickt; unterwegs stolperte er über einen Graben, erschrak davon und erkrankte erst nach diesem Erlebnisse. Noch auffälliger ist die „Summation der Krankheitsursachen" in jenen recht häufigen Fällen, in denen anamnestisch überhaupt keine Granatexplosion, sondern schreckliche Erlebnisse anderer Art, ja nur die Gesamtheit der übermenschlichen Anstrengungen und Entbehrungen und die fortwährende ängstliche Spannung im Kriege als Erkrankungsursache zu ermitteln ist. An Häufigkeit den Granaterschütterungen fast gleich sind die anamnestischen Angaben über plötzliche oder oft wiederholte, manchmal durch ihre Dauer unerträglich gewordene Abkühlungen (Sturz in eiskaltes Wasser besonders beim Überschreiten von Flüssen im Winter, Regengüsse und Schneefälle beim Lagern im Freien). An einem Tage wurden zwölf Soldaten desselben Regiments mit dem Symptombilde der früher beschriebenen Gehunfähigkeit in unser Spital eingeliefert; alle erkrankten beim selben Anlaß, einer Flußüberschreitung nach tagelangem Marschieren in Schnee und Regen. Auch bei diesen ging dem jetzigen Zustande eine „Lähmungsperiode" voraus, die ziemlich rasch vorüberging, um b e i d e n e r s t e n G e h v e r s u c h e n dem jetzigen Zustandsbilde Platz zu machen.

Ich brauche wohl nicht zu wiederholen, daß ich auch hier genau — und erfolglos — nach organischen Symptomen gefahndet habe.

Bei vielen dieser Erkältungsfälle erfährt man, daß der Zustand in spontaner Besserung begriffen war, bis man sie wegen ihres vermeintlichen „Rheumatismus" mit heißen Bädern zu behandeln begann oder zur Nachbehandlung zu einer unserer natürlichen heißen Quellen (Trencsén-Teplitz, Pöstyén) schickte, wo sie rezidivierten.

Resümieren wir das Gesagte: Es erkranken Soldaten nach plötzlicher Erschütterung oder nach wiederholten kleineren oder größeren Erschütterungen. Dem (nicht immer eintretenden) Bewußtseinsverlust folgt ein lähmungsartiges Stadium, das nach mehr minder langer Dauer spontan vergeht, um bei den ersten Gehversuchen oder aus Anlaß gewisser therapeutischer Bemühungen einem chronischen Zustandsbilde Platz zu machen. Dieses letztere ist aus gewissen Allgemeinerscheinungen und einer organisch nicht begründeten Gehstörung zusammengesetzt. Es besteht ein bestimmtes Verhältnis zwischen den Innervationsstörungen bei den Gehversuchen und den Allgemeinerscheinungen, indem letztere durch die Gehversuche gesteigert, zum Teil überhaupt erst ausgelöst werden. Es bestehen außerdem gewisse Dauersymptome, von denen die Überempfindlichkeit aller Sinne das Hervorstechendste ist.

Nun kennen wir aus der Psychoanalyse einen Zustand, bei dem der Versuch, gewisse Handlungen auszuführen, Allgemeinerscheinungen hervorruft. Es ist dies die Angsthysterie Freuds, die in vielen Fällen dadurch gekennzeichnet ist, daß der Versuch der Ortsveränderung, die versuchte Innervation zum Stehen oder zum Gehen, mit heftiger Angst verbunden ist, die den Patienten zwingt, bestimmte Bewegungsversuche zu vermeiden und ihre ganze Lebensweise in diesem Sinne zu verändern. Diese Vermeidungen sind als Phobien von den Nervenärzten schon lange bemerkt, aber nie verstanden worden. Man benannte die Innervationsstörungen als Astasie (Stehunfähigkeit) oder Abasie (Gehunfähigkeit) und die genannten Vermeidungen erhielten nach gewissen unwesentlichen Äußerlichkeiten ihre Namen (Agoraphobie, Claustrophobie, Topophobie etc.).

Erst die Psychoanalyse vermochte dieses sonderbare Krankheitsbild aufzuklären. Sie entdeckte, daß bei diesen Kranken die Affektwirkungen gewisser psychischer Traumen, meist Erlebnisse, die das Selbstvertrauen herabzusetzen geeignet waren, ins Unbewußte verdrängt wurden und von dort aus die Handlungsfähigkeit des Kranken beeinflussen. Bei jeder

Gefahr der Wiederholung des pathogenen Erlebnisses kommt es zur Angstentwicklung; der Patient lernt es dann, diesen Angstzuständen auszuweichen, indem er jede Handlung vermeidet, die irgendwie zur Wiederholung der für ihn pathogenen Situation führen könnte. Die Astasie-Abasie ist nur die höchste Entwicklungsstufe dieses Systems von Vermeidungen; sie verhindert überhaupt jede Lokomotion, um eine bestimmte Situation umso sicherer zu vermeiden. Daß die Wurzel jeder neurotischen Angst eine sexuelle ist (Freud), und daß es auch eine konstitutionelle Disposition zur Topophobie gibt (Abraham), kann ich hier nur andeuten.

Nun entsprechen auch bei unseren Patienten die „allgemeinen" Symptome vollkommen dem Symptombilde der Angst. Ich sagte, daß bei unseren Kranken jeder Versuch, die scheinbare Lähmung zu überwinden und den Ort zu verändern, Herzklopfen, gesteigerte Pulsfrequenz, Schwitzen, Verzerrung der Gesichtszüge, sogar einen ohnmachtsähnlichen Zustand zur Folge haben kann. Dieses Bild entspricht aber in allen Zügen jener plötzlichen Angstentwicklung, wie sie uns sowohl aus dem gewöhnlichen Leben als auch aus der Krankengeschichte der Patienten, die an Angstneurose leiden, wohl bekannt ist. Auch die als Dauersymptome beschriebene Überempfindlichkeit aller Sinne und die Schlafstörung durch Angstträume entspricht der fortwährenden „ängstlichen Erwartung", in der sich die Angstneurotiker befinden. Die Störung der Sexuallibido und Potenz können wir erst recht als eine neurotische auffassen.

Ich glaube, daß wir nach alledem das Recht haben, jeden zu dieser Gruppe der Kriegsneurosen gehörigen Fall als Angsthysterie anzusehen und die Bewegungsstörung als Ausdruck von Phobien auffassen, die den Zweck haben, die Angstentbindung hintanzuhalten. Speziell können wir also die meisten hier gezeigten Fälle mit dem Namen „hysterische Astasie-Abasie" belegen; für diesen einzelnen Fall aber, in dem, wie Sie sehen, auch vollständige Unfähigkeit zu sitzen besteht, müssen wir noch die Bezeichnung „hysterische Anhedrie" prägen.

Wir wollen es nun versuchen, uns ein Bild davon zu machen, wie die anamnestisch erhobenen Erschütterungen solche Erkrankungsbilder erzeugen konnten. Dieser Versuch kann nur sehr unvollständig gelingen, da uns systematische Psychoanalysen, wie gesagt, nicht zur Verfügung stehen. Immerhin verschaffte mir der tägliche Verkehr mit den Patienten und die kurze psychoanalytische Befragung einzelner, einiges Material, das ich zur vorläufigen Beantwortung dieser Frage benützen kann.

Es fiel mir auf, daß so viele unter den ängstlich gewordenen Soldaten höhere Auszeichnungen aus Anlaß früherer Verdienste und wegen tapferen Verhaltens vor dem Feinde erhalten hatten. Auf die Frage, ob sie auch früher ängstlich gewesen seien, antworten sie zumeist, daß sie weder jetzt noch auch früher etwas von Angst verspürt hätten. „Im Gegenteil," sagten mir einige, „ich war immer der erste, der sich meldete, wenn es sich um eine gefährliche Unternehmung handelte." — Von Fällen, die ich etwas eingehender analysierte, kann ich Ihnen nur weniges berichten: Ein ungarischer Bauer, seit frühester Kindheit vaterlos, mußte schon sehr früh in der Wirtschaft die Arbeiten der „Großen" verrichten. Aus Gründen, deren analytische Erforschung nicht mehr möglich war, wurde er sehr ehrgeizig, wollte alles ebensogut machen wie die Großen und war sehr empfindlich, wenn man an seiner Arbeit etwas aussetzte, oder — was oft vorkam — ihn sogar verspottete. Er hatte später mit den Nachbarn und auch mit der Ortsgendarmerie manchen Kampf auszufechten, schließlich „fürchtete er sich vor niemand", wie er sich ausdrückt. Er erlitt im Felde Granaterschütterung und Sturz von großer Höhe, seitdem hat er den Zittergang (dazu ein Konversionssymptom, den Wadenkrampf), ist rührselig, weint bald, hat aber gelegentlich auch Wutausbrüche, z. B. als er erfährt, daß er noch weiter in Behandlung bleiben muß. — Der andere, den ich genauer verhören konnte, war ein ungarisch-jüdischer Techniker; er war in der Schule immer sehr strebsam, führte große Pläne im Schilde (Entdeckungen, Reichwerden etc.); früher religiös, gelangte er allmählich dazu, auch ohne Gott auszukommen, auch war er im

Begriffe, seine seit sechs Jahren bestehende Verlobung mit einem Mädchen rückgängig zu machen, weil er zur Überzeugung kam, daß er für das in zarter Jugend gegebene Versprechen, dessen Einhalten seine Karriere gefährden würde, nicht mehr einzustehen hat. Er kam als Freiwilliger ins Feld und erinnert sich sehr gut an die Einzelheiten seiner Erkrankung. Seine Kompagnie stand einmal in heftigem Granatfeuer; als er das Pfeifen der Granate hörte, die dann neben ihm einschlug, gelobte er sich innerlich, die Braut doch zu heiraten, wenn ihm nichts geschieht; auch murmelte er eine hebräische Gebetformel („Schema Israel") vor sich hin. Nach kurzer Betäubung war er wieder bei Sinnen, merkte aber bald, daß er gehunfähig geworden ist. Er geht in der Tat eigenartig, macht ganz kurze Schritte (ohne Zittern), stützt sich auf einen Stock, hat fortwährend Angst hinzustürzen, lehnt sich also möglichst an die Wand oder ein Möbelstück an. Auch sonst ist er ziemlich kleinlaut geworden, ist ungemein bescheiden; seine Stimme ist leise, seine Rede kurzatmig, hastig, die Schrift fast unleserlich. Den Verkehr mit der Braut hat er halb und halb wieder aufgenommen, aber (seitdem es ihm etwas besser geht) hat er sein Verhältnis zu Gott wieder gelöst.

Es ist nicht schwer, in diesen beiden Fällen die Bedingungen wiederzuerkennen, unter denen es zur Produktion einer Angsthysterie mit Phobien kommen kann. Beide Patienten haben es an Selbstschätzung, vielleicht Selbstüberschätzung, ziemlich weit gebracht. Die Begegnung mit einer überstarken Gewalt, dem Granatluftdruck, die sie wie ein Nichts zu Boden warf, mag ihre Selbstliebe aufs äußerste erschüttert haben. Die Folge eines solchen psychischen Shoks kann sehr gut die neurotische Regression gewesen sein, d. h. der Rückfall in eine (phylo- und ontogenetisch) längst überwundene Entwicklungsstufe. (Eine solche Regression fehlt niemals in Symptomatologie der Neurosen, da auch anscheinend ganz überwundene Phasen ihre Anziehungskraft nie ganz einbüßen und sich bei günstiger Gelegenheit immer wieder geltend machen.) Die Stufe nun, auf die diese zwei Neurotiker regredierten, scheint das infantile Stadium des ersten Lebensjahres zu sein, einer Zeit, in der sie noch nicht ordentlich gehen und stehen konnten. Wir wissen, daß dieses Stadium auch ein phylogenetisches Vorbild hat; ist doch der aufrechte Gang ein ziemlich später Erwerb unserer Vorfahren in der Säugetierklasse.

Es ist nicht unbedingt notwendig, daß die Selbstliebe aller dieser Kriegsneurotiker derart übertrieben groß gewesen sei. Beim sogenannten Normalmenschen kann ein entsprechend großes Trauma in gleichem Maße auf das Selbstvertrauen erschütternd wirken und ihn so ängstlich machen, daß schon der Versuch des Sitzens, Stehens oder Gehens — wie beim eben gehen lernenden Kind — von einem Angstausbruch begleitet ist. (In dieser An-schauung bestärkte mich der naive Ausspruch einer meiner Pfle-gerinnen bei der Morgenvisite: „Herr Doktor, der geht ja wie ein Kind, das gehen lernt".) Neben diesem regressiven Zug, der die Patienten ans Bett fesselt, oder ihre Freizügigkeit beeinträch-tigt, mag in vielen, vielleicht in allen Fällen auch die „Sekundär"-Funktion der Neurose am Werke sein. Es ist verständlich, daß die Aussicht, nach dem Gesundwerden wieder ins Feld geschickt zu werden, wo es ihnen einmal so schlecht ergangen ist, auf diese Kranken abschreckend wirkt und die Heilung — mehr minder unbewußt — verzögert.

Betrachten wir noch einige der beschriebenen Symptome. Das auffälligste von allen ist gewiß das Zittern, das in den meisten Fällen das Krankheitsbild beherrscht. Die soeben be-handelten Gehstörungen werden ja fast stets durch ein klonisches Zittern der Unterextremitäten bewerkstelligt. Auch beim Symptom des Zitterns ist der regressive Zug unverkennbar. Aus einer mannigfach innervierbaren Extremität mit komplizierter Bewegungs-koordination wird bei diesen Neurotikern ein bei der Intention zwecklos zitternder, zu höheren Leistungen unbrauchbarer Fort-satz des Körpers. Die Vorbilder für diese Reaktionsweise müssen wir — ontogenetisch — in der frühesten Kindheit, phylogenetisch aber weit zurück in der tierischen Ahnenreihe suchen, wo das Lebewesen auf Reize noch nicht mit Veränderungen der Außenwelt (Flucht, Annäherung), sondern nur mit Veränderungen des eigenen Körpers antwortete. — Ich meine also, daß es sich bei diesem „neurotischen" Zittern um dieselbe Innervationsstörung handelt, die uns auch aus dem Alltagsleben als Zittern vor Angst — vielleicht eher aus Furcht — bekannt ist. Jede Muskelinnervation kann durch die hemmende Innervierung der Antagonisten gehindert oder verhindert werden. Ist diese Innervierung der Agonisten und Antagonisten synchron, so kommt es zur spastischen Starre, erfolgt sie rhythmisch alternierend, so wird das innervierte Glied zittern. In unseren Fällen finden wir alle möglichen Kombinationen von spastischen und Zitterzuständen. So kommt es zu dieser eigenartigen Gehstörung, bei der trotz aller Gehanstrengung keine Ortsveränderung erzielt wird und die wir am besten als „nicht vom Fleck kommen" (piétiner sur place) bezeichnen könnten. Auch diese Koordinationsstörung wird gleichzeitig zur Schutzvorrichtung, die den Kranken vor dem Wiedererleben der Angst bewahren will. Es mag hier erwähnt sein, daß bei den gewöhnlichen Astasien - Abasien, wie wir sie aus der Friedenspraxis kennen, diese Kombination der Gehstörung mit dem Zittern fehlt. Die topophobischen Zustände werden dort einfach durch Schwächezustände, durch Schwindelgefühle etc. bewerkstelligt.

Das andere auffällige Dauersymptom dieser Kriegsneurosen ist die mehr minder hochgradige Hyperästhesie aller Sinne, die Photophobie, die Hyperakusis und die passive Berührungsangst. (Letztere ist meist nicht mit Hauthyperästhesie verbunden, die Hautempfindlichkeit kann sogar herabgesetzt sein oder fehlen; es handelt sich dann nur um überstarke Abwehrreaktionen gegen Berührung.) Zur Erklärung dieses Symptons müssen wir folgende Annahme Freuds heranziehen. Wenn man auf eine Erschütterung, auf das Herannahen einer Gefahr gefaßt ist, so vermögen die bei der Erwartung mobilisierten Aufmerksamkeitsbesetzungen den Reiz der Erschütterung zu lokalisieren, und das Zustandekommen jener Fernwirkungen der Erschütterung, wie wir sie bei der traumatischen Neurose sehen, zu verhindern. Ein anderes Lokalisationsmittel der Wirkungen der Erschütterung ist — nach F r e u d — eine schwere, reale, der psychischen Erschütterung adäquate Schädigung des Körpers beim traumatischen Anlaß. Bei den hier gezeigten Fällen von traumatischer A n g s t h y s t e r i e trifft keiner dieser Umstände zu: es handelt sich um eine plötzliche, meist unerwartete Erschütterung ohne schwere Körperbeschädigung. Doch selbst in den Fällen, in denen das Herannahen der Gefahr gemerkt wurde, kann die Erwartungsbesetzung der tatsächlichen Reizstärke der Erschütterung nicht adäquat gewesen sein und das Abströmen der Erregung in abnorme Bahnen nicht verhindert haben. Es ist wahrscheinlich, daß sich das Bewußtsein vor solch überstarken Erregungen zunächst überhaupt automatisch verschließt. — Wir können annehmen, daß nach dem Trauma eine gewisse Diskrepanz zwischen dem von der Erschütterung relativ verschonten Bewußtsein und dem übrigen Teile des neuropsychischen Apparats besteht. Zu einer Ausgleichung kann es hier nur kommen, wenn auch das Bewußtsein der Unlusterregungen teilhaftig wird; dies wird eben dann durch eine gewisse „traumatophile" Einstellung, durch die Überempfindlichkeit der Sinne besorgt, die dann dem Bewußtsein allmählich, in kleinen Dosen, gerade so viel ängstliche Erwartung und Erschütterung zuführt, als es sich bei der Erschütterung ersparen wollte. In den immer und immer sich wiederholenden kleinen Traumen, bei jeder Berührungserwartung, bei jedem kleinen Geräusch oder plötzlicher Helligkeit, müßten wir also — der F r e u d'schen Auffassung folgend — eine Heilungstendenz, die Tendenz zur Ausgleichung einer gestörten Spannungsverteilung im Organismus sehen.

Ähnlich deutet F r e u d die ängstlichen Träume der traumatisch-neurotischen, in denen der seinerzeit erlebte Unglücksfall immer wieder erlebt wird. Hier wartet die Psyche nicht einmal auf einen äußeren Reiz, um darauf übertrieben zu reagieren, sondern schafft sich selber das Bild, von dem sie dann erschrecken kann. Auch dieses unangenehme Symptom dient also dem Selbstheilungsbestreben.

Als krasses Beispiel der „traumatophilen" Überempfindlichkeit zeige ich Ihnen diesen granaterschütterten Mann, dessen
ganzer Körper — wie Sie sehen — sich in steter muskulärer
Unruhe befindet, ohne daß er intendierte Bewegungen ausführen
könnte. Seine Augen sind so überempfindlich, daß sie, um das
Tageslicht zu fliehen, stets nach oben gerollt gehalten werden ;
der Patient rollt in kurzen Intervallen - — ein zweimal in der
Sekunde — das Auge soweit nach abwärts, daß er das Bild der
Umgebung flüchtig betrachten kann, sonst sind seine Pupillen
hinter dem rasch blinzelnden Oberlid versteckt. Seine Gehör-
hyperästhesie ist — wenn möglich — noch größer, sie erinnert
an die Hörempfindlichkeit der von Tollwut Befallenen. Im gemeinsamen Saal kann er wegen des Lärms bei Tag überhaupt nicht
existieren, wir mußten ihn im Zimmer des Wärters allein schlafen
lassen. Es war nun auffällig, daß der Patient sofort verlangte,
bei Nacht im gemeinsamen Saale schlafen zu dürfen. Um den
Grund seiner Bitte befragt, antwortete er wörtlich: „Im gemeinsamen Saal schrecke ich allerdings sehr oft bei Nacht auf, aber
das Alleinschlafen ist noch ärger; in der großen Stille
kann ich überhaupt nicht einschlafen, weil ich
stets angestrengt aufpassen muß, ob denn doch
kein Geräusch zu hören ist." — Dieser Fall bestätigt die
oben dargelegte Auffassung, wonach die wiederholten Schreck-
affekte und die Steigerung der Sinnesempfindlichkeit Dinge sind,
die die Traumatisch-Neurotischen unwillkürlich selbst suchen resp.
aufrechterhalten, weil sie einem Heilungsbestreben dienen.

Dieses Verhalten der Traumatisch-Neurotischen erinnert trotz
aller Tragik an die Situation jenes Hotelgastes, der von seinem
Zimmernachbar, der einen Schuh beim Auskleiden gegen die Verbin-
dungstür schleuderte, aus dem besten Schlaf aufgeschreckt wird
und nachdem er vergeblich einzuschlafen versuchte, den unruhigen
Nachbar flehend ersuchen muß, doch auch den zweiten Schuh
gegen die Tür zu werfen, damit er einschlafen kann. — Ähnlich
benehmen sich — wie es Abraham zuerst feststellte — manche,
die in der Kindheit Opfer von Sexualattentaten waren. Sie haben

später den Zwang, sich neuerdings ähnlichen Erlebnissen auszusetzen; ich glaube, sie suchen durch das nachträgliche b e w u ß t e Erlebnis das ursprünglich unbewußte und unverstandene zu bewältigen.

Es ist nicht unmöglich, daß auch die Erfolge, die manche Neurologen bei der Behandlung der Kriegsneurosen mit schmerzhaften elektrischen Strömen erzielten, u. a. darauf zurückzuführen sind, daß diese Schmerzen die unbewußte Traumatophilie der Patienten befriedigen.

Die Theorie F r e u d s, daß es sich bei den Neurosen nicht um Gleichgewichtsstörungen der Energien im banalen Sinne, sondern um eine Störung speziell der libidinösen Energien handelt, wurde von vielen mit dem Argument abgetan, daß das gewöhnliche Trauma, „das ja sicher keine Sexualstörungen macht", Neurosen hervorrufen kann. Nun sehen wir aber, daß die an sich gewiß nicht sexuell zu nennende Erschütterung, die Explosion einer Granate, in sehr vielen Fällen gerade das F e h l e n d e r S e x u a l l i b i d o ünd s e x u e l l e I m p o t e n z zur Folge hat. Es ist also anzunehmen, daß auch gewöhnliche Erschütterungen a u f d e m W e g e d e r S e x u a l s t ö r u n g zur Erkrankung an Neurose führen. Das scheinbar unwesentlichste Symptom der traumatischen Neurose, die Impotenz, kann also bei der näheren Erklärung der Pathogenese jenes Leidens noch zu Ehren kommen. Als vorläufige Erklärung dient uns Psychoanalytikern die Annahme, daß es sich bei diesen Traumen um eine I c h V e r l e t z u n g, um eine Verletzung der S e l b s t l i e b e, des N a r z i ß m u s, handelt, deren natürliche Folge die Einziehung der „Objektbesetzungen der Libido", das heißt das Aufhören der Fähigkeiten ist, jemand anderen als sich selbst zu lieben.*

Ich glaube nicht, daß ich in Ihnen die Erwartung geweckt habe, daß sie von mir eine Erklärung der psychopathologischen Vorgänge bei der traumatischen oder der Kriegsneurose hören

---

* Siehe dazu die Referate über „Die Psychoanalyse der Kriegsneurosen" am V. Internationalen Psychoanalytischen Kongreß in Budapest, 1918. (Herausgegeben vom Internationalen Psychoanalytischen Verlag, Wien.)

werden. Mein Ziel ist erreicht, wenn es mir gelang, Ihnen gezeigt zu haben, daß die vorgestellten Krankheitsbilder wirklich zu jenen zwei Krankheitsgruppen gehören, die die Psychoanalyse mit den Namen Angsthysterie und Konversionshysterie bezeichnet. Ich bin auch nicht in der Lage, Ihnen im einzelnen zu erklären, warum im einen Falle Angst, im anderen Konversion, im dritten ein Gemenge beider zur Entwicklung kam. So viel glaube ich aber gezeigt zu haben, daß die psychoanalytische Untersuchung auch bei diesen Neurosen zumindest die Wege weist, auf denen die Erklärung gesucht werden muß, während die übrige Neurologie sich in der Deskription und in Namengebungen erschöpft.

Inhaltsverzeichnis.

Dr. Sándor Ferenczi (geboren am 07. Juli 1873 in Miskolc, gestorben am 22. Mai 1933 in Budapest) gilt als einer der revolutionärsten ungarischen Vertreter der frühen Psychoanalyse, unter dessen Leitung eine glänzende analytische Schule aufgeblüht ist.

Nach der Absolvierung der protestantischen Schule in Budapest, widmete er sich dem Medizinstudium in Wien, wo ihm 1894 die Doktorwürde verliehen wurde. Daraufhin arbeitete er als Neurologe am Budapester Hospital Szent Erzsébet und wurde schließlich zum Facharzt für Psychiatrie ernannt.

Durch den Neurologen Dr. Philipp Stein an die psychoanalytischen Schriften Freuds herangeführt, folgte am 08. Februar 1908 die erste persönliche Begegnung Freuds und Ferenczis, aus der eine enge Zusammenarbeit und Freundschaft entstanden ist, von der unter anderem ein reger Briefwechsel zeugt.

Ferenczi wurde gerade durch seine Voraussicht bekannt, so hatte er bereits diverse Ideen der erst später entstandenen Psychotraumatologie und Objektbeziehungstheorie vorweggenommen. Bedeutung erlangte vor allem das Hervorheben der Relevanz realer Kindheitserfahrungen in der Ursache psychischer Störungen.

Dennoch galten einige seiner Ideen und Methoden als äußerst kontrovers. Seine Theorie, sexueller Mißbrauch an Kindern sei die Ursache für neurotische Störungen, führte somit auch zur Kritik seitens Freuds. Schließlich widersprach dies seinem eigenen Ansatz, dass Erinnerungen der Patienten an einen Mißbrauch oftmals auf instinktgeleiteten Phantasien basieren und kindliche Wünsche widerspiegeln würden, nicht jedoch reale Erlebnisse.

Ferenczis neuer Ansatz bezüglich der Therapieform stieß ebenfalls auf Widerstand und führte zur völligen Distanzierung Freuds. Ferenczi vertrat die Ansicht, der Analyst dürfe nicht bloß ein unvoreingenommener Betrachter sein. Vielmehr obliege dem Therapeuten eine persönlichere Haltung, geprägt durch echte Fürsorge, welche die Heilung der Patienten nachhaltig unterstütze. Seine Methode reflektierte diese Idee, da vermieden wurde, als Autoritätsperson aufzutreten, um keine Hierarchie zwischen Arzt und Patient herzustellen. Erwünscht wurde hingegen eine Teilhabe des Patienten, eine gegen- oder wechselseitige Analyse, resultierend aus Ferenczis Mildheits- und Elastizitätstechnik.

Ferenczi hat viele Psychoanalytiker stark beeinflußt. Die Betonung des interpersonellen Moments, in dem bereits Keime der Neopsychoanalyse angelegt waren, fanden unter anderem bei Clara Thompson und Michael Balint Zuspruch. Auch Melanie Klein, deren Schriften wesentlich zur Entwicklung der modernen Psychoanalyse und insbesondere der Objektbeziehungstheorie beitrugen, wurde – vor allem in ihrem Verständnis der interpersonellen Dynamik zwischen Mutter und Kind – durch ihren Lehrer Ferenczi nachhaltig geprägt.

www.ingramcontent.com/pod-product-compliance
Lightning Source LLC
Chambersburg PA
CBHW030853270326
41928CB00008B/1355